乡村振兴

模式创新+实操技巧+经典案例

杨闯世◎著

中国商业出版社

图书在版编目（CIP）数据

乡村振兴：模式创新＋实操技巧＋经典案例 / 杨闯世著 . -- 北京：中国商业出版社，2023.9
ISBN 978-7-5208-2611-2

Ⅰ . ①乡… Ⅱ . ①杨… Ⅲ . ①农村－社会主义建设－研究－中国 Ⅳ . ① F320.3

中国国家版本馆 CIP 数据核字（2023）第 168916 号

责任编辑：杨善红
策划编辑：刘万庆

中国商业出版社出版发行
（www.zgsycb.com　100053　北京广安门内报国寺 1 号）
总编室：010-63180647　编辑室：010-83118925
发行部：010-83120835/8286
新华书店经销
三河市龙大印装有限公司印刷
*
710 毫米 ×1000 毫米　16 开　13.25 印张　170 千字
2023 年 9 月第 1 版　2023 年 9 月第 1 次印刷
定价：58.00 元
* * * *

（如有印装质量问题可更换）

内容简介

本书围绕乡村振兴这一重要战略，将乡村经济发展作为切入点，探讨了乡村振兴的方法论指南与产业化实操两大方面的相关问题。从战略意义分析、技术支撑、科学种植，到农业产品与相关服务的营销推广、快速变现，本书将理论与实践巧妙结合，引用大量经典案例，在剖析理论的同时，还能使读者切实掌握将理论应用于实践的方法。

在乡村振兴的大背景下，通过阅读本书，从事农业生产、对乡村振兴感兴趣，以及想在乡村带领农民致富的读者，都能够更加科学、全面地了解乡村经济发展的相关知识与信息，从而能够在时代发展的潮流中，更好地把握乡村发展的趋势，成为领域中的先行者。

推荐序

本书是一本面向有心从事“三农+”，但苦于没有契机，以及对三农运营不太了解的人的入门级指南。

实践出真知，本书的面世，意义深远，这是一部干货满满、具备实操带教特质的佳作。近年来，亮点频出的农耕田园文化、近郊旅游文化，乘着乡村振兴的“春风”，在抖音、小红书、B站等新媒体平台越演越烈，吹响了推进中国式现代化乡村振兴的嘹亮号角，吸引了大批久居城市的人们到郊野田园沉浸式“走亲戚”。躬耕劳作满目喜悦，青山绿水碧野蓝天，岂不快哉！

新时代的乡村振兴不同于传统意义上的乡村发展，在政策的支持下，一种崭新的“三农+”模式正以澎湃之势风靡我国的大江南北，成为一种亲民意、接地气的新型社交和郊游方式。这种返璞归真的现象背后，到底有哪些可以挖掘的故事和值得探讨、借鉴的长处？

本书作者基于自身创业经历，用一个个通俗易懂、深入浅出的案例剖析乡村振兴的本质内核，给出解决问题的思路和方法。结合本书内容，我总结出以下几点，愿与诸位探讨。

以“人”为本。乡村振兴的根本是实现共同富裕，缩小城乡之间的差距。

以“产”为基。产业是乡村振兴、乡村可持续发展的底气，新农人以年轻思维、敢想敢干赋予了传统农业显著的时代特征，在干中学，在学中游，让人与农业产生情感互动。

以“场”为根。农村是实现乡村振兴战略的主战场，一片肥沃碧绿的土地，一片生机盎然的田园，无形中为在此休闲的游客提供了丰富多彩的拍照打卡素材。

以“景”为型。置景融情是打造乡村振兴农游文化、场景氛围的关键，赋予桃红柳绿、麦浪翻滚的大自然以情感活力，让美丽乡村建设故事娓娓道来。

以“术”为法。依托互联网讲好乡村振兴的策略打法、城乡融合和谐发展的故事，给予人民群众更多获得感、幸福感。

作者从以上5个维度，给关心、关注或有意从事和了解乡村振兴的读者带来了全新的选择。本书具有很强的指导性和实操性，详述了农业服务、农产品深加工、农业电商、新媒体带货、乡村生态旅游和共享型农业等多方面内容，一幅幅“中国式现代化乡村振兴万千气象”的壮美画卷正徐徐展开。

我和本书作者闯世先生相识于多年前的一场企业家论坛，当时我受邀为论坛做产业发展新媒体主旨分享，我们由此认识并保持联系至今，悉知闯世先生在从事体验式农耕农游的同时笔耕不辍。本书文笔清新，字里行间真情款款，期待能给广大读者带来有价值的收获。

商业视觉动销“五维”矩阵创立人、
培训讲师、策划师、新媒体人　赵海铃
2023年秋于成都

前　言

为什么写这本书?

我深耕农业领域20年、新三农运营领域5年。

我看过很多国内外三农领域的书籍，见过太多的“三农”企业从“生”到“死”，也学过太多看似有用而最终无用的课程!

我曾经疯狂过、痴迷过，然后颓废过、放弃过。我曾有梦想，但在岁月洪流中和压力下，一度迷失了自己！苦于找不到好的系统和模式，一些“三农”人迷茫着、沉沦着，梦想已经丢失了。因此我希望撰写一本关于“三农”系统操作模式、运营模式的书，帮助迷茫的“三农”人找到方向和目标。我希望每一个“小白”都能看得懂，懂了以后能够按照上面的模式去执行，执行之后能在最短的时间内赚到钱，改善生活品质。

我每天在田间地头劳作，没有很多空闲时间，也可能真的是自己变懒惰了，有撰写一本关于乡村振兴的书的想法却迟迟未能付诸行动。从2022年10月开始，我狠下心来，断断续续地写作，用了将近1年时间，终于把《乡村振兴：模式创新+实操技巧+经典案例》写了出来。

我不知道最终读者会给予这本书什么样的评价，但是每一个字都是我敲击键盘写出来的，都是我田间地头的经历总结。一路走来，在许多风风雨雨和蚊虫的陪伴下，凭借自己的疯狂和执着，才有了今天的只言片语。希望这本书的问世，能在“三农”领域掀起一股风浪。因为本书的价值在于，不管你是“小白”还是“达人”，书中一定有你想要的东西，或者某些案例一定能够引起你的共鸣。

因为水平有限，我的文字难免会让很多人觉得难登大雅之堂。可是这就是“闯哥”，一个游离于线上线下、真实的“闯哥”。在此，我欢迎大家批评指正。

当前，乡村振兴是我国发展的一大重点。随着城市化进程的加快，农村人口减少，农业面临着很多挑战，乡村振兴呼之欲出。为了推动乡村振兴，一种新兴的农业发展模式受到越来越多的人的关注，那就是共享农业模式。例如，共享农场既有利于城市居民放松身心，又可以帮助农民获得更多收入，是一种典型的以农业为导向的绿色发展模式；共享菜园受到越来越多人的追捧，能够助力乡村振兴。

共享农业作为乡村振兴的重要组成部分，正在迅速发展。在实施共享农业项目时，书籍是重要的载体，可以让更多的人获得信息和知识，帮助他们更好地了解乡村生活、有机种植和实践绿色生态的方式，不仅满足了城乡居民对知识的需求，同时推动着乡村振兴的发展。

在乡村振兴进程中，共享农业典型模式共享菜园打破了传统意义上土地的限制，将劳动者与土地的关系从单纯的生产关系转变为共享关系，倡导更加健康、可持续、互助和环保的生活方式及社交方式，为乡村注入了新的生机和活力。

共享农业的内容丰富多样，包含了从实际耕作到生态保护、农业科技、经营管理的方方面面，为众多爱好农业的朋友提供了学习和交流的平台，推动着农业创新与发展。本书的出版会引发人们对“从田间到餐桌”的关注，同时能够通过共享的理念，将个体与集体进行有效的连接。农业的发展不再依赖单一的生产方式，而变得更加智慧化、联动化和可持续性。

本书包含当下火热的共享农场、共享菜园的整体规划、运营技巧、管理制度，以及物联网农业科技运用和市场宣传方面的知识和实践经验，旨在为读者提供更多的启示，使他们在实践中能体验到共享菜园的好处。同时，本书还提供了许多实用的建议和经验，对于想要在乡村振兴中或者“三农”创新中发挥作用的人们都是有益的。

我相信，共享模式可以将城市消费者与农村生产者紧密联系起来，构建一种新型的城乡互动关系。这也是乡村振兴的一种新思路，值得更多人去探索和尝试。共享农业的发展需要更多的人才和各方面的支持，我期待这本书对推动共享农业的发展起到积极的作用。

总的来说，共享农业是促进乡村振兴、实现可持续发展的重要载体和工具。在共享、合作和创新的基础上，人们可以通过书籍了解有机种植、养殖以及生态保护等方面的知识，更深刻地感受家园的温馨和美好。希望更多的人加入有机农业、共享农场、共享菜园的建设中，发挥自己的聪明才智，参与、助力乡村振兴，成就我们幸福美好的未来生活！

最后，由衷地感谢我的团队、家人以及每一位提供案例和对本书撰写给予帮助的人士。同时，希望读者在阅读过程中有所收获，为乡村振兴和有机农业的发展贡献一份力量。

杨闯世

2023年5月20日

目 录

●●● 上篇 乡村振兴方法论指南 ●●●

上篇

乡村振兴方法论指南

第 1 章　乡村振兴：开启乡村发展新篇章

乡村治理，是国家治理的基石；乡村经济，是国民经济的重要组成部分；乡村振兴，是国家长治久安的重要战略。当今时代，乡村振兴战略为乡村的发展指明了路径，坚持乡村振兴这一发展战略，能够助推农业农村实现现代化，使乡村居民的幸福感得到进一步提升。

1.1　思考：你真的了解乡村振兴吗

随着时代的发展，越来越多的青壮年劳动力涌向城市，乡村处于逐渐衰落的状态。为了避免乡村走向衰败，实现乡村振兴，相关部门不断推出帮扶政策，助推乡村的现代化发展。本节将从为什么要提倡乡村振兴、乡村振兴的重要性及价值、如何实施乡村振兴战略3方面入手，详解相关知识。

1.1.1　为什么要提倡乡村振兴

土地是农业、农民与农村发展的载体，农民是乡村振兴的一大主体。目前，由于缺乏整体性的发展竞争力，乡村逐渐边缘化甚至衰落。为了谋求更好的发展，越来越多出生于乡村的年轻劳动力，纷纷离开家乡，迁往城市，而乡村也因此逐渐陷入萧条、沉寂的状态。

乡村的衰落，具体表现在以下几个方面，如图1-1所示。

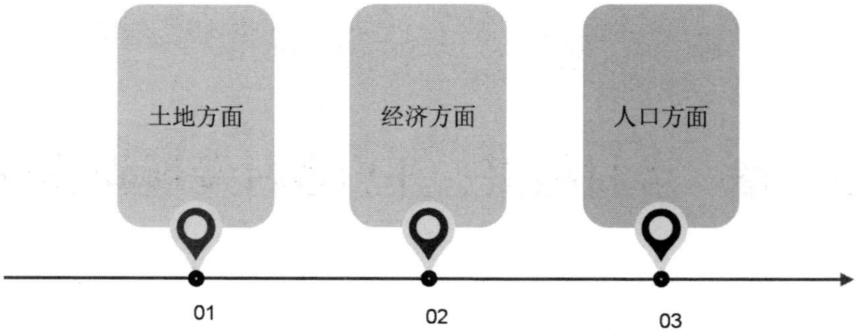

图1-1　乡村衰落的3个具体表现

1.土地方面

土地是乡村和农民赖以发展的重要资源，但如今乡村土地利用率不断降低。造成乡村土地利用率降低的原因，主要有以下3个。

其一，土地被抛荒。许多农民不注重土地资源的可持续利用，例如，将稻田的水放干，改为旱地，种植蔬菜，使用一段时间后土地被闲置。

其二，农田过度保护。许多农村缺少建设用地，但依旧实施农田保护政策。过度保护农田反而会影响乡村的发展。例如，开发乡村旅游项目需要用地，但部分乡村因为保护农田而放弃开发旅游项目，殊不知，旅游项目会使农田具有更高的价值。

其三，土地利用和流转受限严重。农民只能利用土地种植农作物，土地无法为农民带来其他财富。

2.经济方面

受通货膨胀的影响，物价持续上涨，乡村的生活成本与城市的生活成本相差不多。但乡村居民的收入低于城市居民，因此乡村居民的生活品质不高。

此外，很多乡村的发展缺乏产业支撑，发展后劲不足。产业能够为乡村振兴提供道路，为乡村吸引人才，创造更多价值。

3.人口方面

人口方面有两个问题：一是人口减少问题。过重的经济压力使得许多适龄人口放弃生子，外加大量劳动力向城镇流动，导致乡村人口减少，缺乏经济发展的动力。二是乡村居民素质问题。乡村教育资源匮乏，居民知识层次低，创新能力弱，无法跟随时代发展脚步。

虽然乡村衰落已成客观事实，但乡村的发展潜力是巨大的。乡村应针对现状制订发展计划，坚持乡村振兴的发展战略。

在乡村不断衰落的同时，我国还存在着较为明显的城乡发展不平衡的问题。这一问题，主要表现在以下3个方面。

1.经济方面的不平衡

城镇是我国经济发展的重要载体，非农产业是推动我国经济发展的重点产业。农村与农业的发展常被忽视，资金、技术、人才等发展要素都集中到城镇和非农产业中，农村地区的经济发展因而落后于城镇。

2.基础设施建设与公共服务供给方面的不平衡

我国传统的“城乡分治”资源配置方式是城乡基础设施建设与公共服务供给严重失衡的主要原因。在这种资源配置方式下，城镇拥有更多的基础设施和公共服务资源。因此，城镇的发展速度远超乡村，且城乡之间的发展差距不断扩大，造成恶性循环，如图1–2所示。

3.城乡居民收入水平与社会保障水平方面的不平衡

城镇与乡村在教育、医疗、文化和社会保障等方面的差距极大。城镇居民人均可支配收入是乡村居民的数倍。农民收入增长空间有限、农业发展受自然因素制约、农产品利润空间有限、农民理财能力弱等因素都制约了农民的收入。而城镇居民普遍受教育水平较高，收入增长空间大且投资机会多。

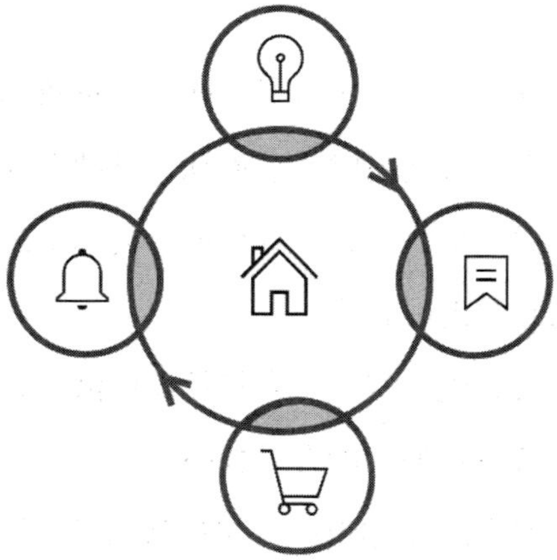

图1-2　城乡发展不平衡的恶性循环

此外，城镇的社会保障制度相对完善，城镇居民抗风险能力强于乡村居民。

城乡发展不平衡的问题日益加剧，成为构建和谐社会的阻碍。这种不平衡同时也是农业、农村、农民“三农”问题的集中反映，想要打破这种不平衡，就需要大力实施乡村振兴战略。

作为农业大国，农业、农村和农民是我国安定和改革发展的基础与依靠。农业是国民经济的支柱之一，农民是社会的基础阶层，实施乡村振兴战略是解决“三农”问题的根本措施。

走好现代化发展道路必须重视“木桶效应”。“木桶效应”指的是要想给一只木桶装满水，那么它的每块木板高度都必须相同且没有破损，一旦有一块木板不齐或者有洞，这只桶就无法装满水。而一只木桶能装多少水，不是由最长的那块木板决定，而是由最短的那块木板决定。此外，木板之间的结合是否紧密、牢固也非常重要，若木板之间存在缝隙，木桶也无法装满水。

在我国现代化这个“木桶”上，每个领域都是关键的木板。一个国家综合实力的高低取决于其是否存在过于薄弱的领域，即劣势决定优势。它警示国家发展要补齐短板，同时注意各领域与各行业之间的紧密配合。

我国现代化建设包含农业现代化，农村不会随着现代化而消失。但农业现代化是我国现代化建设的短板，因此实施乡村振兴战略是补齐这块短板的迫切要求。

1.1.2　进行乡村振兴的重要性及价值

乡村振兴战略是符合我国国情和发展需要的关键性战略，它对国民经济、社会稳定、国家安全、人民生活、文化发展等诸多方面都有着极为重大的意义。总的来说，其重要性主要体现在以下3个方面，如图1–3所示。

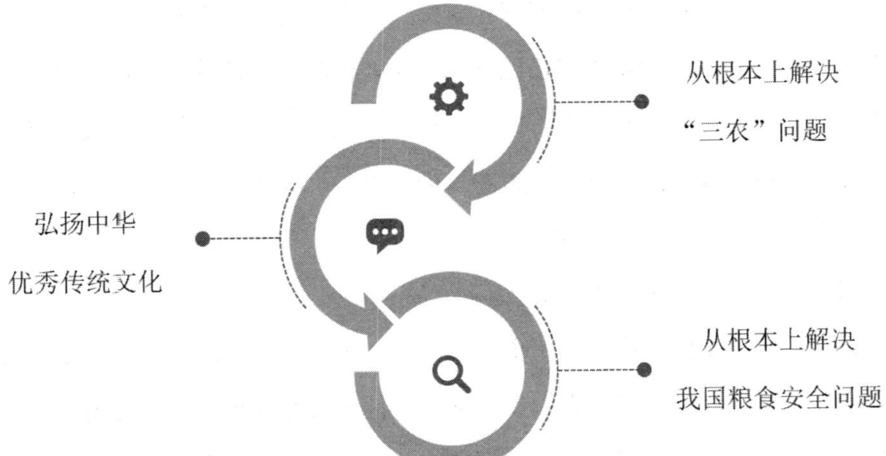

图1–3　乡村振兴战略的重要性

第一，从根本上解决“三农”问题。

目前，我国社会的主要矛盾为人民日益增长的美好生活需要和不平衡不充分的发展之间的矛盾，而影响国计民生的关键问题则为农业、农村、农民的“三农”问题。实施乡村振兴战略则能从根本上解决“三农”问题。

首先，实施乡村振兴战略能够“富业”。2023年中央一号文件提出要推动乡村产业高质量发展，要做大做强农产品加工流通业，加快发展现代乡村服务业，培育乡村新产业、新业态，培育壮大县域富民产业。

乡村振兴战略的着力点之一是农业与农村的现代化，“互联网＋”乡村振兴工程，能以科技助力乡村发展，发挥先进技术在乡村生态、文化等方面的价值，满足乡村居民日益增长的需求。

其次，实施乡村振兴战略能够“富村”。农村不兴旺，农民便无法富裕。实施乡村振兴战略后，乡村能够实现生产、生活、生态“三生”协调，促进农业、加工业以及现代服务业融合发展。随着农业发展，农村兴旺程度会提升，农民从中获利，乡村便能够留住人才，形成良性循环。

最后，实施乡村振兴战略能够“富民”。乡村地区的创新创业能力弱、贫困人口多，而实施乡村振兴战略能够构建长效机制，推动城乡产业融合发展，使农民通过创新创业摆脱贫困，使农村持续发展，走上现代化的发展道路。

综上所述，乡村必须坚持实施乡村振兴战略，通过“富业”“富村”“富民”，彻底解决“三农”问题。

第二，弘扬中华优秀传统文化。

我国有几千年的农业发展历史，乡村作为农业发展的载体，积淀了优秀传统文化及灿烂的农耕文明。它们是中华优秀传统文化的根系。此种国情决定了乡村振兴对文化传承的重要性。而随着城乡发展不平衡，农村人口大量流动到城镇，乡村文化亟须传承与振兴。

在弘扬中华优秀传统文化方面，乡村振兴有两方面的作用：一方面是缩小城乡文化发展差距。城镇与乡村的文化发展不均衡，文化方面的公共服务供给不平衡，乡村地区的文化产业发展不充分，而乡村振兴能有效解决这些问题，带动乡村文化的发展。

另一方面是传承与振兴乡村优秀传统文化。中国乡村传统文化博大精深，在为人处世方面，其有耕读传家、严于律己、勤俭持家、精忠报国、崇德向善等传统美德。通过振兴乡村文化，乡村能够重焕生命力，将中华优秀传统文化“唤醒”并“活化”，使其在现代乡村得以延续、传承。而这些优秀的精神品格、精神血脉与文化基因能够为乡村振兴提供动力。

第三，从根本上解决我国粮食安全问题。

农业是农村的关键产业，它不仅是农民的根，还是农村的魂。振兴农业是振兴乡村的基础和前提，其核心目标是确保国家粮食安全。

实施乡村振兴战略能够使农业迅速发展，从而提高农作物产量。作为人口大国，我国对粮食的需求量极大，粮食安全是国家安全的基础。乡村振兴战略能够强化科技农业、生态农业与智慧农业，确保耕地红线不被突破，从根本上解决我国粮食安全问题，将“饭碗牢牢端在自己手中”。

目前，农业的综合效益及竞争力低。想要解决此问题，乡村应将发展重心放在农业供给侧结构性改革上，使农业发展目标从增产向提质转变，注重农产品的质量和品牌效应，以科技带动农业发展，打造具有无限生机的可持续发展农业产业。

1.1.3　如何实施乡村振兴战略

当前阶段，社会发展的主要矛盾为人民日益增长的美好生活需要和不平衡不充分的发展之间的矛盾。而在乡村地区，发展不平衡不充分的问题尤为明显。因此，乡村必须在清晰的规划的指导下，坚定不移地实施乡村振兴战略。

本节将从指导思想、格局建设以及产业建设3个方面入手，具体说明乡村振兴战略的实现路径。

1.指导思想

2018年中央一号文件制定了实施乡村振兴战略的具体时间规划，如图1–4所示。

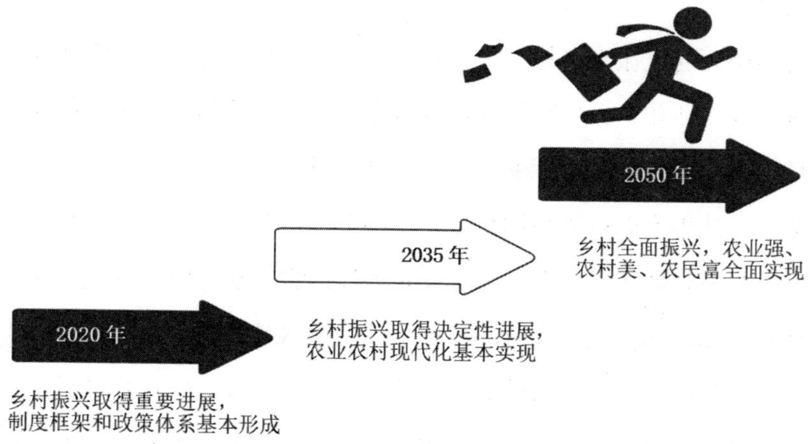

图1–4　乡村振兴战略的具体时间规划

这份规划表明实施乡村振兴战略具有全局性与长远性，需要社会各界在新思想的指导下合力推进，坚持奋斗。

我国的发展经历了“站起来—富起来—强起来”的过程。在此过程中，经济发展目标从高速增长转变为高质量发展。这个转变决定了城乡发展的优先顺序。

一个国家在不同的发展阶段，扶贫脱贫、乡村治理的理论、政策、方法都不尽相同。关于扶贫脱贫和乡村治理的政策指导了我国经济社会发展实践，是乡村振兴战略坚实的理论基础。

2.格局建设

现阶段，生态脆弱区、民族地区和贫困集中连片地区的耦合、叠加为实施乡村振兴战略增加了难度。这些地区的经济、文化、制度等方面的发展程度远低于平均水平，但其并非缺乏发展潜力，其发展缓慢与落后是因为受到交通、人才等因素的限制。

这种困境决定了乡村振兴必须由市场、社会等多方共同推动，为乡村振兴提供更多可能性和可行性。

市场是影响农业资源配置的关键因素，要充分发挥财政资金的杠杆作用，促使金融和社会资本“下乡”。大量人力、物力、财力等资源配置到乡村发展的重点领域与薄弱环节，能够使乡村振兴的多样化需求得到满足。

相关部门可以从税收、土地、财政、社会保障等方面入手，推动城乡融合发展。相关部门可以利用政策向农业和农村地区汇聚资源并将其整合，健全乡村的教育、医疗、文化、社会保障等公共服务体系，为乡村发展提供财政支持。

首先是教育资源。促使大量人口流向城镇地区的关键因素之一就是乡村地区教育资源不足。城乡发展公平的前提是教育资源分配公平。相关部门必须建立城乡教育资源均衡配置机制，使教育资源向乡村倾斜，以教育资源留住人口，使乡村地区的学生能够通过知识改变命运。

其次是医疗资源。健全的乡村医疗卫生服务体系能够为乡村居民的健康提供保障。城镇地区吸引乡村人口向其流动的原因之一便是医疗水平高、医疗体系发达。乡村地区想要提高医疗水平，可以实施招揽乡村医疗卫生人才的政策并大力建设医疗卫生服务设施；可以与城镇地区合作，打造医疗共同体，共享医疗资源；可以借助科技与城市大医院合作，发展远程医疗来缓解乡村居民看病难、看病贵的问题。

再次是文化资源。公共文化资源能够提高乡村居民的生活质量，满足其精神方面的需求。健全乡村的公共文化服务体系，可以从设施布局、服务提供等方面入手，促使文化资源向乡村地区倾斜，扩大公共文化服务的覆盖面，提升其适用性，形成更符合乡村特点的公共文化服务体系。

最后是完善乡村地区的社会保险制度。缺乏社会保障体系是乡村发展过程中的一个“痛点”，也是乡村居民最关注的民生热点。因此，乡村应着力完善社会保险制度，充分发挥其保障人民生活、调节社会收入分配的作用。

通过上述做法引导资源合理向农村倾斜，构建多元共治的乡村治理格局，是实现乡村振兴的重要途径。

3.产业建设

产业是乡村发展的根基。2021年中央一号文件强调，要构建现代乡村产业体系，加快健全现代农业全产业链标准体系，推动新型农业经营主体按标生产，建设现代农业产业园、农业产业强镇、优势特色产业集群，推进农村一、二、三产业融合发展示范园和科技示范园区建设。

建设乡村产业的重点有3个：一是打造智慧农业体系；二是精加工农产品，提高其附加值，延伸农业产业链；三是充分发挥乡村地区的资源优势，促进农业与工业、互联网、旅游等产业融合，建设新兴产业。下面，结合江西省井冈山市茅坪镇神山村的案例，详细讲述如何推进乡村产业建设。

神山村盛产黄桃，但依靠售卖黄桃所获得的利润有限，村民的收入始终无法提高。后来，该村成立了黄桃合作社，在村领导的带头下，村民纷纷入股，大力发展黄桃产业并打造了黄桃品牌，成功提升了黄桃的溢价。

黄桃品牌有了一定名气后，当地举办了“神山黄桃节”，开发了旅游项目，有效促进了一、二、三产业融合发展，大幅提升了当地的发展水平。

实现农村经济增收，提高农民收入是乡村振兴的根本目的，但其前提是提高劳动生产率。农业风险较大，利润不稳定，因而应通过产业融合分散农业的风险，完善其产业链。

相关部门应推动农业供给侧结构性改革，促进农业产业转型升级，把劳动力、资本等生产要素转移至高附加值的农产品上，提升农产品的质量并满足人民对精品化农产品的需求。此外，相关部门还可以创新农业经营体制，在家庭经营的基础上，培育新型经营主体，重点培养专业合作社、现代农业产业联合体等。

创新绝不意味着全盘颠覆。在乡村振兴的过程中，传统的乡村文化、原始风貌与生态环境以及集体情感与记忆都应得到合理保护。乡村可以挖掘自身历史故事与文化基因，利用现代手段将其转化为乡村发展的特色与亮点。下面，结合浙江省杭州市桐庐县江南镇荻浦村的案例进行具体阐述。

荻浦村具有上千年的历史。作为文化古村，其在发展过程中保留了大量古民居和古迹，当地的古造纸文化、古戏曲文化以及孝义文化等传统文化得到了良好的传承。

该村在实施乡村振兴战略的过程中，秉承“古为今用，土为洋用”的原则，将现代生活方式与传统农耕文明融合。例如，将始建于宋朝的古戏台改造为村文化礼堂，既保留了古戏台的原始风貌，又赋予其新的价值。

通过发展产业这一途径，乡村居民的生活水平得到提高，乡村集体经济实现增长，乡村振兴的核心目标逐步实现。

1.2　乡村振兴VS新农村建设

一些人认为，乡村振兴就是新农村建设，二者完全等同。显然，这样的观点是有局限性的。乡村振兴与新农村建设虽然都是以推动乡村发展为目标，但二者在战略高度、发展格局等方面存在差别。本节将从乡村振兴与新农村建设二者的对比入手，分析乡村振兴的重要发展模式与关键抓手。

1.2.1　乡村振兴与新农村建设有什么区别

新农村建设为乡村振兴奠定了基础，乡村振兴具有更大的格局和更深远的意义。下面将从二者的背景、目标等方面进行具体分析。

1.新农村建设

社会主义新农村建设指的是在社会主义制度下，依据新时代的要求，推动农村的经济、政治、文化以及社会等方面发展。新农村建设的最终目的是促使农村的经济、基础设施、环境等方面提升至一定水平。

新农村建设的背景是国民经济主导产业由农业转变为非农产业，我国总体上进入工业反哺农业、城市反哺农村的发展阶段。新农村建设要按照“生产发展、生活宽裕、乡风文明、村容整洁、管理民主”的要求推进，切实提升农村居民的生活水平。

社会主义新农村建设要聚焦4个方面：经济建设、政治建设、文化建设和社会建设。其中，经济建设的目的是全面发展农业产业，提高农民收入；政治建设的目的是加强农民民主素质教育、农村基层民主制度建设、农村法制建设；文化建设的目的是加强农村公共文化服务体系建设；社会建设的目的是增加公共财政对农村公共事业的投入，发展农村的义务、职业教育，完善其医疗卫生体系，建立并完善农村社会保障制度。

2.乡村振兴战略

乡村振兴的目标在于实现农业农村的优先发展，建设农民生活富裕、农业产业兴旺、农村生态宜居、治理有效、乡风文明的现代化新农村。

总的来说，乡村振兴是新农村建设的全面升级。下面将乡村振兴与新农村建设的目标进行横向对比，以更好地展现二者的联系与区别，如表1-1所示。

表1-1　乡村振兴与新农村建设的目标对比

新农村建设	乡村振兴战略	关系
生产发展	产业兴旺	基于发展生产培育新产业、新业态并完善产业体系，促进农村经济繁荣
村容整洁	生态宜居	基于治理村庄“脏乱差”，发展绿色经济并治理环境，使农村居住环境更加舒适

续表

新农村建设	乡村振兴战略	关系
管理民主	治理有效	加强和创新农村治理，使其更加高效，更能满足农村居民的需求
生活宽裕	生活富裕	按照全面建成小康社会奋斗目标和分两步走全面建设社会主义现代化强国的新目标，使农民的生活更加富裕、美满
乡风文明	乡风文明	此处虽然并无变化，但后者在前者的基础上进一步拓展了内容并提高了要求。前者主要目标为提高农民素质，加强农村精神文明建设；后者目标为发展农村文化、教育、医疗等事业，弘扬社会主义核心价值观，传承优秀精神、文化等

综上所述，和社会主义新农村建设相比，乡村振兴战略的内涵更加丰富，覆盖的领域更为广泛。

1.2.2　以农民为核心的多主体协同发展模式

新农村建设的主体为农民与国家，而乡村振兴战略则更强调农民、国家、企业等多个主体的作用。

实施乡村振兴战略并非一蹴而就之事，此战略的成功需要大量的工作和足够的时间。但在实施过程中，一个重要原则是充分发挥农民的主体作用。

发挥农民的主体作用有3层基本含义，如图1-5所示。

以乡村振兴中的产业振兴为例，各种农业生产经营方式都需要新型农业经营主体付诸实践才能产生作用。新型农业经营主体在从事农业活动时，需要依托土地、各种资源以及农村劳动力。因此，新型农业经营主体与农民之间依存关系较强。

若外部经营主体未把农民纳入经营活动中，那么其将无法实现可持续发展。例如，A村的土地承包给外部投资商，外部投资商只追求短期获利，不把农民纳入经营活动，因此其不能在A村获得长期发展。而B村完成土地流转后，以村民为主体，建立了农业合作社和家庭农场，适度引入外部经营主体，并设置了保障农民持续增收的条件。B村发挥了农民的主体作用，因此外部经营主体能够在B村持续发展。

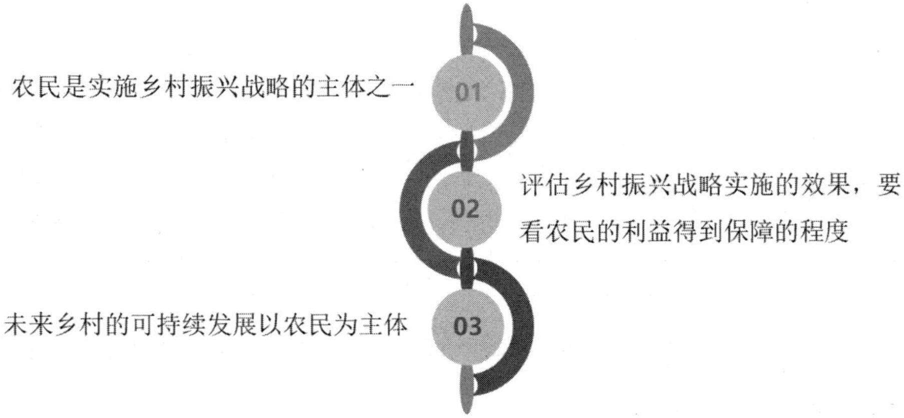

图1-5　发挥农民的主体作用的3层基本含义

以农民为主体振兴乡村，需要各方共同努力，建立可持续的共赢模式。

不过，农民是乡村振兴的当然主体，但不是唯一主体。因为乡村振兴战略具有长期性、复杂性，需要多元主体共建、共治、共享，具体体现在以下几个方面。

1.乡村产业振兴方面

产业振兴需要不同的产业主体支撑。随着乡村产业经营形态的多样化，其产业主体也会趋于多样化。

2.乡村人才振兴方面

传统农业的改造工作需要大量的技术、资本与人才，还需要优化配置土地。在此过程中，人才是关键要素，是乡村振兴的新兴力量和主体之一。

3.乡村文化振兴和乡村生态振兴方面

这两方面的振兴需要各类人才及相关保护组织参与。

4.乡村组织振兴

乡村组织振兴是促使乡村治理体系与治理能力现代化的关键。农村各组织形式是乡村组织振兴的主体。

1.2.3　一、二、三产业融合发展是乡村振兴的抓手

推进一、二、三产业融合发展是实施乡村振兴战略的重要抓手，也是实现农民增收的有效途径。要想推进乡村的一、二、三产业融合发展，除了要从战略角度对其进行深入理解外，还要坚持多措并举、因地施策、务求实效的原则。

1.培育融合主体

农民是乡村振兴的当然主体，也是推动一、二、三产业融合的主体。在一、二、三产业融合的过程中，要开展新型职业农民培育工程，组织农业产业化龙头企业认定，鼓励乡村地区创业创新，发展公司化合作社。这些都是发展和培育融合主体的重要措施。

在培育融合主体方面，我国有关部门采取了相应的方案。

（1）支持阿里巴巴建立农村电商培训班，与国开行（国家开发银行）、农发行（中国农业发展银行）等共同推出返乡创业方面的信贷产品。

（2）通过先建后补、以奖代补、折股量化到农户等方式支持新型农业经营主体发展新产业，并为农业经营主体设立了在线教育培训试点。

（3）推行科技特派员制度和“三区”（边远贫困地区、边疆民族地区、革命老区）人才支持计划，为新型农业经营主体提供技术服务。

（4）坚持举办乡村旅游扶贫重点村村干部培训班，已经对4000多名村干部进行了培训，并取得了非常不错的效果。

推进一、二、三产业融合发展要充分激发新型农业经营主体的积极性，有

关部门要为其提供支持和助力，为建设社会主义新农村提供新动能。

2.搭建融合载体

除了培育融合主体以外，搭建融合载体也十分重要。现代农业产业园、农业产业强镇、农村产业融合示范园、乡村产业园等都是推进一、二、三产业融合发展的载体。如今，我国已经建设了200多个现代农业产业园、1000多个农业产业强镇、300多个农村产业融合发展示范园、1万多个乡村产业园，为一、二、三产业的融合发展奠定了坚实基础。

此外，我国积极推进政策集成、要素集聚、功能集合、企业集中，致力于在最短的时间内形成原料生产、农产品深加工、农业体验展示、物流运输、销售等环节相互连通的新格局。这样的格局不仅有利于实现农业现代化，还可以推动乡村振兴战略的顺利实施。

3.丰富融合业态

一、二、三产业融合发展离不开新业态，在这方面，我国鼓励新型农业经营主体加快农业跨界步伐，积极配置农业和现代产业要素，促进现代产业深度交叉，完善“农业 +”模式。我国已经出现了一些比较有代表性的新业态，如蟹稻共生、鱼稻共生、中央厨房、乡村旅游、数字农业等。

例如，河北省张家口市宣化区顾家营镇左家营村引进“蟹稻共生”种养模式，取得了不错的成绩，如图1–6所示。该村建立了300亩水稻种植基地，并在其中投放蟹苗，发挥稻蟹之间的互利共生关系，使生物链可以形成一个良性循环，获得生态效益和经济效益的双赢。

图1-6　"蟹稻共生"种养模式

此外，我国还要进一步完善利益联结机制，积极发展合作模式，形成农业产业化联合体，让产业链条更坚固，帮助农民获得更多增值效益。

1.3　制定新时代的乡村振兴战略

制定与乡村振兴相关的发展战略，需要根据当前乡村发展状况来详细考量。乡村衰落的具体表现有土地、经济与人才的衰落，那么在制定乡村振兴战略时，就可以从这3方面入手，通过引进高素质人才、挖掘闲置土地价值、激发工商资本活力，助推乡村振兴顺利实现。

1.3.1　乡村经济主体：高素质人才

乡村地区发展落后导致大量劳动力和高素质人才涌入城镇地区，而缺乏人才又导致乡村地区发展速度更加缓慢，形成恶性循环。因此，人才是乡村振兴的关键点之一。下面将具体分析高素质人才在乡村振兴中的重要作用。

1.“城归族”返乡创业，带活农村经济

人才是实现乡村振兴的关键资源。在现实生活中，由于城市拥有充足、优质的资源，因此大多数从乡村走出来的人才都会单方面流往城市。而乡村振兴的其中一个关键就是要改变这种人才“只出不进”的局面，让更多“城归族”返回农村，通过投资、创业等方式带动乡村经济发展。下面结合具体案例进行讲述。

四川省巴中市通江县有近61万农业人口，为改善生活，其中约1/3的人口常年在外务工。近年来，该县为解决人才外流的问题，吸引并鼓励在外务工人员返乡创业。

返乡创业最重要的一步是盘活资源。许多农村地区虽然经济落后，但是待开发的资源非常丰富。该县的薛某在返乡前在外从事房地产生意。其回乡后，看中了家乡的土地资源与森林资源，牵头成立了一家专业合作社。

利用这些未开发的资源，薛某带领当地人民发展生态种养与森林康养业务。仅一年时间，该地区出栏了约6万只土鸡，农家乐客流量也显著增多。这一举动带领了300多户村民走上了致富的道路。由于成效良好，当地人民的积极性空前高涨，返乡创业者与当地人民之间形成了一种良性循环。

同样返乡创业的熊某，利用该县的闲置土地，带领合作社的社员种植了2,100余亩葡萄。利用葡萄资源，熊某建成了一家食宿一体的休闲乡村酒店以及一条年产量约1,000吨的葡萄酒生产线，帮助当地居民提高了收入和生活水平。

外流人员往往对家乡有着难以割舍的情怀，这也是“城归族”返乡的一个重要原因。他们能够将新观念与新技术带回家乡，在情怀的基础上奋力投身至乡村振兴的事业中，带活农村经济，使乡村焕发出更加旺盛的生机。

2.大量引进高素质人才，形成“雁阵效应”

返乡创业人员回归家乡，如同大雁归巢。而高素质人才则如同雁群中的领头雁，其人格魅力与专业技能可以带动更多的人才回乡创业。高素质人才具有稀缺性，如何吸引高素质人才，形成“雁阵效应”并激发乡村活力，是乡村必须重视的问题。

回乡创业的棘手问题之一是缺乏人才等配套资源。农村地区经济欠发达，优秀人才纷纷外流。例如，公司需要专业素质高的会计，城市人才资源充足，可以轻松聘请到，但在乡村地区，高薪也很难聘请到所需人才。

针对此种情况，乡村可以采取以下几点做法。

（1）为高素质人才提供优惠条件。某县城的一家公司试图引进遗传育种学博士廖某。廖某原本在条件优越的城市工作，对于到偏远县城工作一事心有顾虑。后来，该县将廖某上报为需引进的高技能人才，给予廖某落户、科研资金等优惠条件，成功打消了廖某的顾虑。

人才是乡村振兴的灵魂。若想招揽高素质人才，乡村可以采取超常规举措。当人才数量增长到一定程度时，会形成良性循环，加快乡村发展速度。

（2）赋予高素质人才荣誉感及责任感。刘某返乡创业后，其妻子与孩子留在城市生活，后适逢刘某孩子高考，其妻子希望刘某返回城市，多陪伴孩子，帮助孩子学习。在刘某动摇时，其公司恰好推举新领导，众人推选刘某为领导人。这一举动赋予了刘某责任感，刘某最终决定继续留在乡村。

乡村在招揽高素质人才时，应为其提供良好的发展环境，让其在从事乡村振兴事业时获得责任感与荣誉感，如此才能更好吸引并留住高素质人才。

1.3.2　最大化地挖掘闲置土地的价值

我国农村地区存在的闲置土地，蕴含着巨大的价值。乡村振兴对建设用地有着大量的需求，因此，乡村需要盘活这些闲置土地资源，满足乡村振兴的建设用地需求。

闲置土地共有3种类型，如图1–7所示。

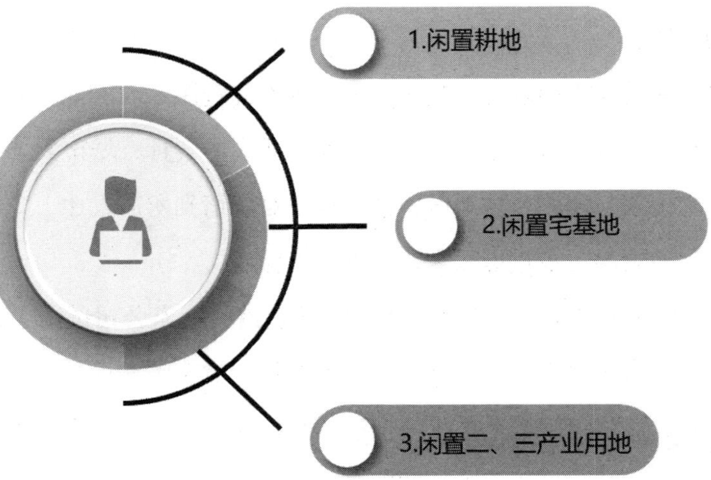

图1-7　农村闲置土地的3种类型

1.闲置耕地

耕地是农业生产的基础条件。其被闲置的原因主要有两个：一是遭受污染；二是自然条件差，如土壤肥力低、分布零散等。

针对受到污染的闲置耕地，乡村可以从3个方面对其进行治理与修复。首先，依据闲置耕地的受污染情况制订详细的修复计划。这个计划必须包含投入、治理、修复、建设、经营、收益这几项内容；其次，通过社会与政府等多种途径来解决污染修复的资金问题；最后，从整体生态角度入手，使用专业技术、雇用专业人员进行耕地修复，使被修复耕地能够在整体生态环境中发挥更大作用。

针对自然条件差的闲置耕地，乡村也可以从3个方面对其进行改善和利用。首先，依据其缺陷有针对性地制定改善措施，如水土流失治理等；其次，依据国家建设标准来建设闲置耕地；最后，利用闲置耕地必须遵从现代农业生产要求。

2.闲置宅基地

闲置宅基地分为两种：一种是有条件复垦的，另一种是无条件复垦的。

针对有条件复垦的闲置宅基地，乡村可以从3个方面进行处理。首先，依照闲置宅基地复垦工程的要求进行复垦工作；其次，复垦时要注意建设复垦耕地所需配套设施；最后，按因地制宜的原则经营复垦耕地。

针对无条件复垦的闲置宅基地，乡村可以从两个方面探索其商用价值。一方面，利用闲置宅基地开展多样化经营，如农家乐、民宿等；另一方面，拓展并完善宅基地的融资功能，如宅基地使用权可抵押贷款等。

3.闲置二、三产业用地

首先，地方政府应重视对当地闲置二、三产业用地的统筹管理工作，对其定期清查并统计，做好此方面的信息储备工作；其次，加强对当地闲置二、三产业用地的规划管理；最后，有针对性、科学地制订处置闲置二、三产业用地的指导性方案。

合理利用闲置土地能使乡村的潜在资源进一步转化为经济效益，推进乡村的开发与发展速度。

下面结合云南省曲靖市沾益区白水镇的案例进行详细讲述。

白水镇共开发利用了4种闲置资源。

1.农贸市场为集体经济增收30余万元

白水镇有一处占地面积为7.72亩的地块。该地块地理位置偏僻，因此长年闲置。后来，当地政府经研究决定，镇、村联合在该地块上投资560余万元，建设封闭式农贸市场。农贸市场依法收取摊位费及商铺租赁费。此举每年可为集体经济增收30余万元。

2.生活超市为村集体经济的发展提供动力

为了改善辖区居民购物环境，白水镇通过招商引资将一处闲置地块出租给一家生活超市。该超市投资200余万元，目前处于正常营业的状态。此举为当地集体经济的发展提供了动力。

3.废弃石场新建生猪屠宰点

白水镇存在部分屠宰散户。散户屠宰家禽时会造成环境污染，食品卫生也没有保障。为了改善居民居住环境，保障肉食安全，白水镇在经各级政府同意后，将一处废弃多年的石场改建为生猪屠宰点。该生猪屠宰点的年收入达50余万元。

4.闲置搅拌站场地再出租

沪昆高铁竣工后，在白水镇遗留了闲置的搅拌站场地。后来，该镇针对此搅拌站进行招商引资，经多方协调后以每年23万元的标准出租给一家混凝土公司。此项目共计投资860万元，不仅提高了当地集体收入，还为当地各种项目建设提供了便利的混凝土供应。

白水镇盘活了当地闲置资源，将其变成资本，又将资本转化为资金，充分带动当地人民增收致富，使当地集体经济规模得到有效壮大。

1.3.3　规划投融资方案，激发工商资本的活力

除了吸引并留住人才、提高土地利用率，为乡村地区带来经济效益也是乡村振兴战略的一大积极影响。乡村振兴需要大量的资金支持，下面将具体介绍投融资对于乡村振兴的意义。

优质的农业设施能够帮助乡村地区吸引投资，农业设施投资是农业农村投资的“先手棋”。建设农业设施能够加快农业现代化速度，推动乡村振兴战略的实施进程。

2021年中央一号文件从以下几个方面对加强现代农业设施建设做出了部署。

1.现代乡村产业体系方面

该文件指出，乡村地区要依托自身特色优势资源，打造农业全产业链，并将产业链主体留在县城。此举的目的是借助县城地区更发达的资源来发展乡村

产业并吸引投资，为乡村地区带来产业增值收益。

该文件还提出，乡村地区要加快健全现代农业全产业链标准体系，推动新型农业经营主体按标生产，培育农业龙头企业标准“领跑者”；立足县域布局特色农产品产地初加工和精深加工，建设现代农业产业园、农业产业强镇、优势特色产业集群；推进公益性农产品市场和农产品流通骨干网络建设；开发休闲农业和乡村旅游精品线路，完善配套设施；推进农村一、二、三产业融合发展示范园和科技示范园区建设。

2.乡村公共基础设施建设方面

我国城乡地区的公共基础设施建设不平衡，目前的公共基础设施建设重点在于乡村。建设公共基础设施能够提高乡村地区的发展潜力，使乡村地区的发展可能性增强。

作为公共基础设施的重要部分，交通的便利程度影响着乡村产业的发展。2021年中央一号文件指出，要加强农村资源路、产业路、旅游路和村内主干道建设，推进农村公路建设项目更多向进村入户倾斜，并强化农村道路交通安全监管。

此外，能源也是一种公共基础设施。该文件指出，乡村要实施乡村清洁能源建设工程：加大农村电网建设力度，全面巩固提升农村电力保障水平；推进燃气下乡，支持建设安全可靠的乡村储气罐站和微管网供气系统；发展农村生物质能源；加强煤炭清洁化利用。

3.乡村建设发展工程方面

推动乡村建设发展工程数字化是乡村振兴的目标之一。该文件指出，乡村地区要推动农村千兆光网、第五代移动通信（5G）、移动物联网与城市同步规划建设；完善电信普遍服务补偿机制，支持农村及偏远地区信息通信基础设施建设；加快建设农业农村遥感卫星等天基设施。

5G、物联网等先进技术能够帮助乡村迅速发展。依托这些技术，乡村能吸引高科技人才与高端项目，而且更容易吸引投资。

4.智慧农业方面

农业始终是乡村的核心产业。该文件指出，乡村要建立农业农村大数据体系，推动新一代信息技术与农业生产经营深度融合；完善农业气象综合监测网络，提升农业气象灾害防范能力。

投资的根本目的是获得利润，但是投资有风险，而且并不是所有的农业设施都能吸引投资。一般来说，具有特色的农业产业、乡村新型服务业、农产品主产区、特色农产品优势区和加工流通业更容易吸引到投资。相较于传统的第一产业，它们发展潜力极大，融资空间也更大。

中国农业大学农民问题研究所所长朱启臻曾言："农业农村投资规模巨大，要把政府主导作为主要渠道，充分调动各类企业和农民主体的积极性。"

拓宽"三农"投资与融资渠道要靠内外配合，如此才能进一步增强乡村振兴战略在经济方面的影响力。在内部，乡村要积极响应国家号召，加强现代农业基础设施建设；在外部，相关部门应加大财政支出的力度，优化农业农村投资环境。同时，相关部门还应引导和鼓励社会力量、工商资本以及金融资本等多渠道下乡投资，为农业农村"输血"。

目前，诸多乡村地区开始实施引导工商资本下乡的措施。这些地区积极引进具有高层次、高技术、高水平特点的新发展模式以及带动能力强的优质项目，以吸引工商资本下乡。

近年来，乡村地区逐渐成为投资热土，吸引了大量投资商。以湖南省益阳市安化县为例，当地的恒康源茶旅康养中心项目吸引了近10亿元的投资。而当地的黑茶特色小镇项目，仅公共基础设施便吸引了约5.5亿元的投资。2022年，该项目的产值超过200亿元。

除了政府与乡村，金融部门也对"三农"领域的发展给予了大量支持。中国银行保险监督管理委员会发布了《关于推动银行业和保险业高质量发展的指导意见》，明确提出鼓励银行业金融机构加大对“三农”领域的信贷投放。

乡村要紧跟乡村振兴战略的步伐，重视工商资本的力量，在深挖自身投资价值的基础上积极与工商资本合作。

1.4　振兴乡村必须因地制宜

我国幅员辽阔，不同地区、气候下的乡村有着不同的特点。若乡村一味照搬照抄其他地区的乡村振兴举措，不仅不能发挥自身的特色，还会弄巧成拙，影响自身的正常发展。因此，振兴乡村必须因地制宜，根据实际情况，实事求是地谋发展。

1.4.1　发挥各地的区位与资源优势

各乡村之间的差异主要体现在区位和资源优势方面，而区位和资源优势是乡村制定发展规划时必须考虑的因素，是乡村振兴的基础。

区位优势指的是某一地区客观存在的、能转化为经济优势的有利条件。其构成因素包含经济、文化、旅游、科技、教育、自然资源、地理位置等。

区位优势具有3个特性，如图1-8所示。

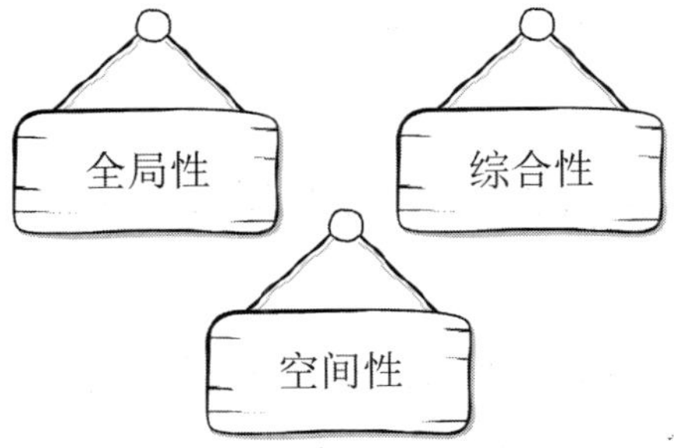

图1-8　区位优势的3个特性

1.全局性

发挥区位优势的前提是各因素相互协调及获得区域外的支持。区域之间的互利因素只有相互配合，才能使区域分工与协作合理。若想真正发挥区位优势，必须利用好区内和区外两个市场。

2.综合性

区位优势不等同于某种优势为本区特有。若想依靠区位优势实现振兴，乡村必须深入、综合地分析区域条件，使区域内部各因素协调配合。

3.空间性

区位优势存在于区域内部，具有地域性。例如，区域内存在的矿产、劳动力、自然或人文景观等。

那么，乡村如何立足区位优势发展特色经济呢？下面将结合山东省滨州市沾化区滨海镇、福建省南平市武夷山市五夫镇两个具体案例说明区位优势的特点以及乡村地区立足区位和资源优势实现振兴的方法。

滨海镇坐落于山东省滨州市沾化区东北部。该镇地处环渤海经济圈与黄河三角洲高效生态经济区，拥有历史悠久的“渔盐”文化，区域内自然资源丰富，盛产鱼、虾类海产品。此外，该地区海水化工产业发展迅速，拥有丰富的风、光等清洁能源。

滨海镇立足其区位优势，从自然、人文、技术三大角度来振兴乡村。

1.自然角度

滨海镇在实现振兴的过程中，立足沿海资源优势，大力发展“渔盐”、新能源、文旅等产业。

由于该地盛产鱼、虾类海产品，因此该镇利用这一优势，推动几家海产品企业联合建设了5万余平方米盐田虾育苗车间。此外，该镇还培育出了“滨科1号”与“渤海1号”两个虾种，它们是北方第一代适应高盐度海水的虾种。通过利用盛产鱼、虾等海产品这一区位优势，该镇实现了“滨州虾滨州造”的目标。

2.人文角度

滨海镇为宣传产品，建立了专业品牌建设队伍。其与国内知名品牌合作，以网络、媒体、节日等形式推广品牌；利用“网红”效应，通过直播带货等形式提升品牌知名度，最终使“滨海盐田虾”成为广受市场认可的品牌。此外，为了提升产品价值，该镇就“滨海盐田虾”这一品牌申请了绿色认证与有机认证。

3.技术角度

渤海镇为建设现代化对虾养殖试验基地，采取了下列措施：

（1）聘请本地专家结合当地情况给予指导，聘请国内外专家给予专业、科学的指导；

（2）与中国水产科学研究院对接，在当地试验推广新品种对虾；

（3）积极探索先进的养殖方法，引进“八大养殖模式”。

再来看武夷山五夫镇利用“生态银行”致富的案例。

许多地区虽然贫困，但生态资源富集。若这些地区能立足当地资源优势，将生态资源优势转变为经济优势，便能将“绿水青山”转化为“金山银山”，达成乡村振兴的目标。

五夫镇位于武夷山市，是“国家级历史文化名镇”。该区域内山水相映，有着大量宋代大儒朱熹文化遗迹，其生态资源格局被概括为“八山一水一分田，朱子文化在其间”。

该地区虽然有着丰富的自然、人文资源，但是存在自然资源分散，地形狭长，地势崎岖，优质客商与优质项目数量少，缺少项目经营人才等问题。

综合上述情况，五夫镇决定采用“生态银行”模式将生态资源转化为经济效益。政府各部门在当地电子地图上标出各类开发“红线”，例如，自然资源部门标注了该镇的农田和建设用地情况；环保部门标注了各个主体功能区的划分情况等。通过这些标注，五夫镇的全部生态资源汇聚在一张电子化、可视化、交互式的地图上，当地自然资源的可开发程度与开发边界一目了然。

生态资源图的绘制，是运行“生态银行”模式的重要前提。打好运行“生态银行”模式的基础后，五夫镇又采取了以下4项措施进一步实现乡村振兴。

1.了解资源底数

通过生态资源图，五夫镇明确了当地资源情况和项目开发的方向和界限。该镇凭借优先开发、优先招商的机制来提高农户的积极性，低成本、高效率地了解了资源底数，有了开发预期，为生态资源转变为经济效益打下良好的基础。

2.打造开发平台

在了解了资源底数与开发预期的情况下，为了发挥“生态银行”数字化、跨区域的优势，当地政府成立了“生态银行”运营公司，作为生态资源开发的主平台。此外，该镇成立了村办公司，二者共同组成多层次的开发平台体系。

此举便于引入专业机构，提高设计开发的质量，同时能降低资源收储成本以及农户违约风险。

3.配齐基础设施

五夫镇政府在采取了上述两项措施后，向上级申请资金支持。这一举动完善了基础设施配置，如道路、标识等。由于政府提供资金支持，因此外部资本的投资风险有效降低，投资者的预期更加稳定。

4.激发干部活力

“生态银行”模式的成功，离不开各级领导干部的努力。五夫镇有着优良的干部激励机制和容错机制，能有效激发干部的热情。在各级政府的支持与干部的努力下，“生态银行”模式的“最后一公里”被成功打通。

1.4.2 走品牌发展道路，打造本土化品牌

品牌化对乡村产业发展有着重要的作用。它能够为乡村聚集人气，发挥并强化乡村的特色产业优势。下面将结合贵州“贵银”品牌和山东省济宁市任城

区喻屯镇打造十大“喻见”文化体的案例来指导乡村培育本土文化品牌。

先来看贵州“贵银”品牌。

每个城市都有自己的“城市名片”。例如，银器是贵州最知名的特产，全聚德烤鸭是北京最有名的美食，瓷器是景德镇最有名的特产。这些独一无二、带有当地特色的品牌，能给人们留下深刻的印象，带动当地经济发展。由此可见培育本土化知名品牌的重要性。

培育本土化知名品牌有5个步骤，如图1-9所示。下面将结合“贵银”品牌的案例来具体讲解。

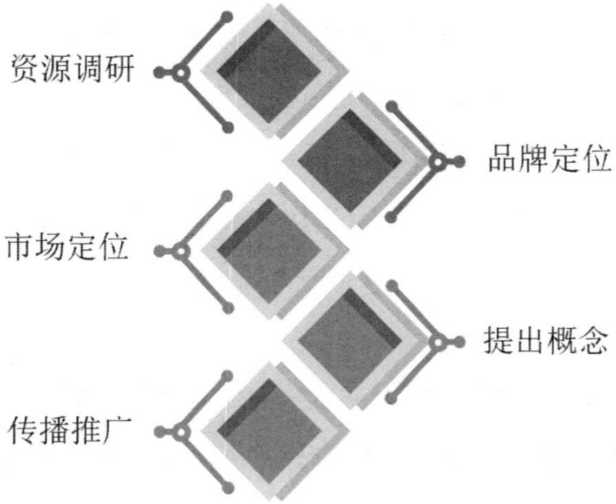

图1-9　培育本土化知名品牌的5个步骤

1.资源调研

资源调研是指通过科学的方法，有目的、有计划地对某个区域内的资源种类、数量等进行统计，以了解优势资源，最大化发挥优势资源的价值。乡村若想培育本土化知名品牌，必须先了解当地有哪些特色资源适合打造成品牌。贵州的银饰文化由来已久，且当地银矿资源丰富，银器具有受众群体数量大、销售利润丰厚、价格稳定、适合作为礼物等优势，因此适合被打造成本土化知名品牌。

2.品牌定位

品牌定位是指根据资源调研结果确定品牌的调性。贵银的品牌定位为传承、发扬贵州银制作工艺以及少数民族文化，培育本土化知名旅游商品公共品牌，以及培育当地的新支柱产业，提高旅游业附加值。

3.市场定位

市场定位是指根据市场状况确定品牌在市场中的位置。市场定位需要先明确品牌是什么、产品用途是什么、目标客户是谁、品牌面临着什么问题、品牌能提供的理性利益是什么5个方面的问题。再通过分析竞争对手情况以及市场宏观、微观情况，进一步确定市场定位。

针对不同的客户群，贵银既有产品适合赠礼的本土老字号品牌，如“黔艺宝”“祥纹”等，又有受年轻客户喜欢的新生子品牌，如“唯也木”“小银礼”等。

4.提出概念

营销的概念是在前3个步骤基础之上总结出来的产品卖点，如小米手机的物美价廉、完美日记的国货护肤品等都是营销概念。这个概念需要符合品牌的气质，贯穿于营销活动的始终。例如，贵银提出的“食品级”银器具概念。

5.传播推广

在明确相关定位之后，乡村就要开展具体的传播推广工作了。在传播推广时，乡村要注意挖掘和特色产品契合度高的渠道，以保证传播的效率。

品牌故事可以增强品牌的辨识度，凸显品牌的个性和社会价值，同时让品牌具备持久的传播力，准确触达目标消费群体。因此，培育本土化知名品牌要建立品牌故事，以更生动、更人性化的方式触达消费者，扩大品牌影响力。

贵州省商务代表团曾出访奥地利。在此过程中，贵州“贵银”品牌与国际知名珠宝品牌施华洛世奇开展合作，“贵银”与水晶结合，打造了“走出山外”的动人故事。

乡村必须结合当地实际情况培育本土文化品牌。下面结合喻屯镇的案例，讲述乡村可以从哪些角度培育本土文化品牌。

1.地理角度

喻屯镇是典型的滨湖涝洼地区，境内分布着7条大小不一的河流。此镇为嘉祥县、微山县、任城区、金乡县、鱼台县五地交汇之处，被誉为“五域交汇物华地，七河纵横天宝盆”。依据这种得天独厚的地理位置优势，该镇打造了第一个“喻见”文化体——“喻见”水乡文化。

2.人文角度

喻屯人依水而生。当地水产丰富，捕鱼打猎是当地人的传统维生手段，因此渔猎文化发达。渔民拥有成熟的渔网编织技艺，现已成为当地的非物质文化遗产。据此，该镇打造了第二个“喻见”文化体——“喻见”渔猎文化。

3.历史角度

喻屯镇城南张村北有汉代亢父古城遗址，作为研究汉代历史及城址变迁的重要资料，其于1992年被列为省级重点文物保护单位。据此，该镇打造了第三个“喻见”文化体——“喻见”亢父文化。

4.饮食角度

“喻屯甜瓜”是国家地理标志产品。近年来，其与电商平台展开了线上合作，坐上高铁走向全国。据此，该镇打造了第四个“喻见”文化体——“喻见”美食甜瓜文化。

5.艺术角度

落子是一种传统戏曲艺术形式，是国家级非物质文化遗产。其采用俚语进行表演，手口并用，表现力极佳，备受当地百姓欢迎。据此，该镇打造了第五个“喻见”文化体——“喻见”落子文化。

此外，还有“喻见”艺术华拳文化、“喻见”老豆腐文化、“喻见”小龙虾文化、“喻见”泥塑文化、“喻见”军屯文化。喻屯镇立足当地独特资源打造十大“喻见”文化体的思路值得各乡村思考与学习。

1.4.3 庐江：立足自身优势建设乡村“网红”打卡点

安徽省合肥市庐江县同大镇马河村“小满稻梦空间”，是一个集水上娱乐、研学实践教育、农事观光体验于一体的乡村旅游综合体。自开放以来，该地成为一个知名的“网红”打卡点，吸引了众多周边市区以及乡镇的游客前来参观游玩。

1.因地制宜，打造特色品牌

随着乡村振兴战略在庐江县的深入开展，依托于丰富的水域资源、质朴传统的农耕文化，庐江县因地制宜开发出独具特色的乡村特色旅游活动，成为一道亮丽的风景线。

为了突出区域发展特色，庐江县的各个乡镇积极打造创意地标性建筑、农旅体验项目、历史人文展馆等乡村旅游“网红”打卡点，推动庐江县乡村旅游业蓬勃发展。

“网红”打卡点的建设，使庐江的乡村旅游特色凸显出来，为庐江的乡村振兴注入了新的生机与活力。一个个“网红”打卡点以点成线、以线带面，使庐江形成了独具特色的乡村旅游品牌。

2.完善配套服务体系，促进流量转化

若旅游配套基础设施不足，即使有大批游客涌入，游客也很难享受到良好的旅游体验，这必定会阻碍旅游景点的存续发展。

为了更好地留住游客，除了打造特色精品旅游项目，庐江还不断建设、完善配套公共服务设施。例如，停车场、标识牌、景点厕所、餐厅、便利店等旅游配套设施的建设，使庐江的乡村旅游产业初具规模。

近年来，庐江不断坚持乡村旅游公共服务体系建设，着力优化餐饮、住

宿、交通等配套设施，提升自身的旅游公共服务能力，努力将“网红”打卡点带来的流量转化为乡村旅游的“留量”，赋能乡村振兴。

未来，庐江还将继续建设宜居宜游的美丽乡村，不断增强乡村旅游特色品牌的竞争力，为乡村振兴战略的推进提供强大动力。

第 2 章　技术支撑：乡村振兴离不开技术

技术进步是效率提高的关键，对于乡村与农业发展来说也是同样。随着人工智能、5G、物联网、大数据等智能化技术不断涌现以及在农业领域的深度应用，农业生产效率得到了大幅提升。

2.1　人工智能打造现代农场

作为一项新兴智能技术，人工智能在农业领域展现出极为强大的能力，例如，使农业设备更加智能化、打造无人农场等。“农业 + 人工智能”已经成为农业发展的必然趋势，能够加快乡村振兴的速度。

2.1.1　农业设备变得更“聪明”

在人工智能技术的推动下，农业发展智能化程度进一步提升，农业设备变得更“聪明”，具体体现在以下几个方面。

1.AI辨别病虫害

粮食产量本就有限，病虫害会导致粮食产量大幅下降。及时发现和治理农作物的病虫害对于人类的发展十分重要。生物学家戴维・休斯（David Hughes）和农作物流行病学家马塞尔・萨拉斯（Marcel Salathé）曾运用人工智能领域的深度学习算法检测农作物病虫害。

他们用计算机测试5万多张图片，计算机从中识别出多种作物的病虫害情况，最终的正确率高达99.35%。研究表明，利用视觉技术，计算机可以通过分析图片的方式，及早发现人类肉眼难以发现的病虫害。

在识别病虫害方面，Prospera（以色列特拉维夫的一家农业科技企业）取得了突破性的研究成果。该公司利用视觉技术，对自己收集的图片进行分析，深度学习病虫害特征，进而了解并报告农作物的实际生长情况。通过人工智能的预警，农民可以尽早发现并预防病虫害，有助于减少农作物的损失，提高粮食产量，增加农民的收益。

2.科学的农事安排：适时除草、灌溉

利用设置在田地里的智能摄像头、传感器等设备，农民可以监测土壤水分、病虫害情况、气象变化等，从而对农作物的生长情况进行实时分析。

当发现杂草过多影响农作物正常生长时，系统就会自动提醒农民除草；当土壤的湿度低于农作物生长需要的湿度时，系统就会自动开启灌溉设备浇水。除此之外，还会智能查询未来几天的天气状况，从而调节灌溉的水量。

Arable是一家为农民提供农业科技解决方案的企业。该企业利用智能传感器将农田里的各种数据，如农作物的蓄水量、果实的数量等收集起来。这些数据都是实际的测量值，有极高的可信度。根据这些数据总结出的建议有合理的依据，在实施时也有科学支撑，农民可以更精准地安排种植等方面的工作。

3.AI牛脸识别，准确获得牛群的信息

在畜牧业，如养牛业，人工智能也有大用途。动物学家研究发现，当农场上出现人类时，牛会误以为人类是捕食者，从而产生紧张情绪，这会对牛肉、牛奶等一系列农产品造成负面影响。利用人工智能设备管理牛群，就能很好地解决这个问题。

通过智能牛脸识别，人工智能设备能够轻松锁定每一头牛的位置，经过深度学习后，还能够分辨牛的情绪状态、进食状态和健康情况等信息。一旦某头牛出现了问题，人工智能能够及时地向养殖者发出提醒，使问题及时地得到处理。

养殖者可以做到即使不出现在农场，也依然能够准确获得与牛群相关的信息。例如，荷兰人工智能创业企业Connec Terra在这方面做得非常不错。该企业开发出“智能奶牛监测系统”，利用摄像头追踪每头奶牛的行踪，经过智能分析后，系统将得出的结论和现场的实时录像传送给养殖者。该企业凭借这个系统完成了180万美元的种子轮融资。

这个系统以谷歌的开源人工智能平台Tensor Flow为基础，利用智能运动感应器“Fit Bits”获取奶牛的运动数据，进而分析每头奶牛的健康情况，提高单位产奶量。通过对奶牛的日常行为，如行走、站立、躺下和咀嚼等进行深度学习，这个系统能够及时发现奶牛的不正常行为。例如，某头奶牛平常吃3份干草，今天只吃了1份，而且活动量也比以前少，这就会引起系统的预警。

上述案例展现了使用人工智能技术养牛的优势。一方面，养殖者无须浪费太多时间在农场巡视，就可以获知每头牛的位置和健康情况；另一方面，牛群不用担心有人类出现，可以轻松地在农场生活。可以说，人工智能既减轻了养殖者的工作负担，又提高了养殖产品的质量。

人工智能在畜牧业的应用减轻了养殖者的工作负担，为打造智能农场提供了极大帮助，也为之后各项技术的大规模应用和推广带来了无限可能。

4.AI改良农作物，培育新品种

现代农业的核心目标是研发和培育出更多农作物新品种。在这个方面，深度学习可以带来不少好处，最具代表性的一个就是让农作物育种更精准、更有效。在农作物育种领域，深度学习帮助农作物育种专家研发和培育更高产的种子，以更好地满足我国对粮食的巨大需求。

很早之前，大批农作物育种专家就开始寻找特定性状，一旦找到，这些特

定性状不仅可以帮助农作物更高效地利用水和养分，还可以帮助农作物更好地适应气候变化，抵御病虫害。不过，要想让一株农作物遗传一项特定性状，农作物育种专家必须找到正确的基因序列。这件事情做起来不容易，因为他们很难知道哪一段基因序列才是正确的。

在研发和培育新品种时，农作物育种家面临着数百万个的选择。然而，自从深度学习这一技术出现后，10年以内的相关信息，如农作物对某种特定性状的遗传性、农作物在不同气候条件下的具体表现等就可以被提取出来。

拥有了远远超出一个农作物育种专家能够掌握的信息，深度学习就可以对哪些基因最有可能参与农作物的某种特定性状进行精准预测。面对数以百万计的基因序列，深度学习极大地缩小了农作物育种专家的搜索范围。

深度学习是机器学习的一个分支，能够从原始数据的不同集合中推导出最终结论。有了深度学习的帮助，农作物育种变得比之前更精准、更高效。另外，值得注意的是，深度学习还可以对更大范围内的变量进行评估。

为了评估农作物新品种在不同条件下的表现，农作物育种专家通过电脑模拟完成早期测试。短期内，这样的数字测试虽然不会取代实地研究，但可以提升农作物育种家预测农作物表现的准确性。

也就是说，当一个新的农作物品种被种植之前，深度学习已经帮助农作物育种专家完成了一次非常全面的测试。这样能使农作物新品种的品质、产量更高。

2.1.2　AI时代新产物：无人农场

随着技术的发展，无人化概念逐渐渗透到社会各个领域。无人便利店、无人工厂、无人书店、无人机、无人驾驶等无人经济新业态如雨后春笋般不断涌现。实际上，这里所说的“无人”不是真的没有人，而是人都被机器和技术取代，以实现高效、环保、高收益的经营目的。

随着人工智能的发展，无人经济新业态中又增加了一个新“成员”——无人农场。下面结合具体案例讲述无人农场的优势。

春分过后，是春耕备播的关键时期，农民异常忙碌。然而，在山东省淄博市禾丰种业科技股份有限公司的无人农场上，只有一台自走式喷灌机在进行灌溉作业，全然看不到农民的身影。这是因为这台喷灌机集合了5G、物联网、人工智能等技术，能够对小麦进行精准灌溉。

这台自走式喷灌机不仅能提升灌溉效率，还能节约资源，降低生产成本。同时，自走式喷灌机还能把农民从繁重的劳动中解放出来，有利于农业可持续发展。

无人农场不仅可以实现农业生产自动化，还可以实现决策智能化。无人农场的系统可以结合气候条件、土壤情况、温度、湿度等数据，自动判断浇水、施肥的时机以及肥料的配比，从而使农作物种植管理更科学，极大地提高了农业生产效率。

2.1.3　安阳全丰："但闻机响，不见人忙"的农场

在河南省安阳市安阳县瓦店乡的高标准农田建设示范区核心区，安阳全丰航空植保科技股份有限公司（以下简称"安阳全丰"）的"但闻机响，不见人忙"的生态无人农场令人大开眼界。

安阳全丰的无人农场中，配备了具有自动巡航系统的收割机、播种机、耕地机、拖拉机等各种智能农机设备，构建起基于云平台、人工智能等智能技术的农机协同作业智能管控系统，使农机设备与智能技术深度融合，使农作物由耕种到收获实现全自动作业。

以智能拖拉机为例，其定位功能由数十颗北斗卫星提供支持。此外，该设备还融合了智能驾驶模型与算法，使拖拉机的行驶精度能够控制在±2.5厘米内，不仅能够避免行驶过程中压苗，还能够实现紧急制动与自动避障，使农机作业安全得到极大保障。

此外，在该无人农场中，还配备有超过3米高、几百米长的大型自走式喷

灌系统，如图2-1所示。

图2-1　正在作业的大型自走式喷灌系统

该喷灌系统能够围绕农田自动且缓慢地转圈，设备喷头喷出的水雾细密，对农作物的打击强度小，均匀度高，能够最大限度地滋润农作物。该系统彻底颠覆了此前大水漫灌的灌溉方式，不仅能够实现自动灌溉，节省了大量人力，还使灌溉消耗的水资源大幅减少。农民仅需在相应的手机应用程序上操作，就能够操控设备，使设备自动运转，实现精准、自主、节水灌溉。

智能化的农业生产管理系统，如农作物全生命周期数字化管理平台，扮演着该无人农场的“大脑”的角色。它能够通过全方位一体化的信息采集技术，全面获取农作物在不同生长阶段的数据，并运用大数据技术对这些数据进行实时分析，为农民的农业生产决策提供依据，进一步规范无人农场的生产作业。

安阳全丰的智能无人农场，使农业生产的成本大幅降低，生产作业效率显著提升，并全面提高了农业生产作业的质量。未来，随着技术的进一步发展与进步，将会有越来越多的智能化无人农场投入使用，推动乡村振兴步伐不断加快。

2.2　5G让农业更高效

5G技术能够与人工智能、大数据、物联网、云计算等其他智能技术相结合，将智能技术巧妙融合于农业生产之中，使农业生产效率得到全面提升。例如，5G技术的应用，将赋能农业生产中的“拟人化”培育，降低农民劳动成本；还能够实现农产品的实时追溯，使农产品品质得到保障；打造“5G田”，实现农业生产的智能化、信息化与无人化。

2.2.1　5G赋能“拟人化”培育

人工智能与5G融合可以创造“拟人化”的培育环境，这不仅有利于农民掌握农作物生长规律，还能够进一步提高农作物产量。借助于融合了5G技术的智能系统，农民可以全面、深入地了解农作物对生长环境和养分的需求，从而对农作物进行“拟人化”培育，使农作物能够在更符合自身生长规律的生长环境下顺利生长。

以后，使用人工智能设备进行农业生产的农民会大幅增加，人工智能面临的数据传输与存储压力也会更大。因此，必须有更快的网络支撑数据传输，有更大的网络空间支撑数据存储。与4G相比，5G具有高速率、低时延、高通信密度三大优势。这也就意味着，引入5G技术以后，人工智能设备将实现优化升级，例如，反应时间更短、用户体验更佳、应用模式更智能等。

2.2.2　农产品追溯不再困难

随着人们生活水平的提高，人们对食品的要求也不断提高。人们在选购食品时，除了关注口味和价格外，还关注食品是否绿色、健康。近几年，各种无公害蔬菜、水果、精饲肉类等产品出现在超市中，销量很不错。

但很多情况下，消费者无法判断出所谓的纯天然、无公害的蔬菜是否在培育过程中真的没有被喷过农药，精饲猪肉的猪在生长过程中是否确实没有被注射过“瘦肉精”（促进瘦肉生长的药物的统称）。

建立完善的农产品追溯体系能够完美解决消费者的难题，让消费者可以从农产品的生产、运输等环节追溯农产品的质量。

在农产品的种植、养殖过程中，农场可以在各处设置监控设备，实时监控农场的情况，并将数据上传至云端。农产品的二次加工和制作应保持透明化、公开化，让消费者能够通过相关网站或二维码对农产品生产加工过程进行可视化追踪。同时，在物流运输方面，相关企业应打造可视化供应链，开发物流运输车辆路线优化系统，让农产品全程可视化成为现实。

销售农产品的厂商可以为农产品贴上一张包含产地、生产日期、生产过程、所用工序等信息的二维码。当消费者对农产品的生产过程产生疑问时，可以通过扫码了解农产品的生产和运输过程。

近年来，为了迎合人们对健康的追求，各种农产品溯源系统层出不穷。而5G的出现能够让农产品数据实时传输的速度更快，并能够防止信息被篡改，让农产品的生产、二次加工、运输、销售等各个环节的数据被完整地记录下来，完成对农产品质量的监督，以促进农产品种植、养殖过程的透明化和公开化。

如果把农产品的供应链比作一辆车行驶的轨迹，那么对这辆“车”从起点到终点的行驶轨迹进行记录，就是对这辆“车”的正向追踪。如果这辆“车”在行驶过程中“车胎”被一枚钉子扎到，“车主”想要了解具体是在哪段路上扎到钉子时，就需要调出这辆“车”的行驶轨迹来进行反向排查。但一辆“车”的行驶轨迹是复杂的，“车主”想要找到所需信息需要花费一段时间。而5G的出现则能够帮助“车主”有效减少筛选信息花费的时间。

同理，当农产品出现问题时，销售厂商也能够通过农产品溯源系统对农产品的运输过程、二次加工过程和生产过程进行逐级排查。在5G技术的加持下，厂商能更高效地找到农产品出现问题的环节。这样厂商能够迅速召回农产品，并对有问题的农产品进行处理。

可以说，农产品溯源系统不仅能够让消费者在购买农产品时全面了解农产品的相关信息，还能够在出现问题时帮助厂商做出判断，将厂商和消费者的损失降到最低。

2.2.3　“5G田”：5G与农业融合的巧妙尝试

近年来，智慧农业逐渐进入人们的视野。而想要真正实现农业无人化、信息化、智能化，就需要“两条腿”：一个是“AI”，另一个是“5G”。智能选种、天气预测、作物识别等都是AI技术在农业领域的具体应用，随着5G技术进一步普及，智慧农业会得到进一步发展。

自5G正式开始商业化运营以来，“5G＋农业”得到深入发展，5G技术与农业的融合程度进一步加深。广东、浙江等省尝试将5G技术融入农业生产中，随着这一技术普及度更高，这些尝试终于“开花结果”。

广东省已经建设了多个5G智慧农业试验区，几乎覆盖了全产业链。2019年，浙江省瑞安市建设了省内首个“5G田”，120亩的田地连接5G技术后，实现了统一、集约化管理。相较于传统的农业生产管理方式，生产效率提高了一倍。

从设备方面来说，“5G田”与现阶段的“智慧农业”相差无几，都是利用机器人巡田、无人机植保、数字化信息管理等方式，最大限度地利用机械代替人工进行农业生产。

但在运行方面，5G技术能让设备的运转更加高效。对于智慧农业中的智能设备来说，网络的作用显然是不可替代的。4G网络虽能保障设备的正常运行、数据的有效传输以及维持基础网络建设，但想要实现农业生产管理实时化、精准化，4G网络的承载力是远远不够的。

5G技术的出现刚好填补了这方面的空白。5G的传输速度大约是4G的100

倍，能使机器人、无人机的精度和稳定度进一步提升，同时还可以提高数据传输和分析的速度，让农业生产管理实时化、精准化，让智慧农业得到飞跃式发展。

数据反馈实时同步，就能让生产、管理、销售等环节串联起来。这让农业信息的传递更加便捷、高效，进一步完善农业信息服务体系，推进农业产业结构优化。

另外，5G技术的应用让设备更新换代速度加快，设备价格逐渐降低，越来越多的农业生产者会引进先进设备进行农业生产。这样，传统的农业技术人员就可以转型，从事更有价值的工作，极大地节约人力成本。

2.3 物联网实现精耕细作

物联网技术在农业领域的应用，体现在借助各种仪表、设备，实现对农作物生长情况的监测。通过采集信息、分析信息，农业物联网能够全面提升农产品质量，缩短农产品生长周期，提高农业生产效率。

2.3.1 传感器：获取关键、有价值的信息

农业物联网的第一层是信息感知层，主要依靠传感器来收集信息。以农业气象监测系统为例，它是由传感器、采集器、支架、气象后台4个部分组成，是现代农业生产者用来收集气象数据、了解天气变化的工具，如图2–2所示。

传感器是农业气象监测系统最核心的部分，能够监测所有环境数据，包括风速、雨量、温度、湿度等。想要实现不同的功能，需要配备不同的传感器，传感器之间互相独立，互不影响。下面以水产养殖为例展现不同传感器的不同功能，如表2–1所示。

图2-2　农业气象监测系统

表2-1　水产养殖所需传感器及环境参数

传感器	环境参数
水温传感器	养殖场水温
pH传感器	pH值
溶氧传感器	氧气在水中的溶解量
浊度传感器	水质浑浊度
电导率传感器	水的导电性
亚硝酸盐传感器	水的亚硝酸盐浓度
……	……

水产养殖控制系统通过各种传感器来实时获取各种数据。例如，通过水温传感器获得养殖场水温，通过pH（Pondus Hydrogenii，酸碱度）传感器获取pH值，通过溶氧传感器获取氧气在水中的溶解量等。

气候是影响农作物生长的关键因素。而传感器能够实时获取天气信息，帮助农业生产者掌握一手的天气资料。农业生产者可以根据实时的天气信息采取各种有效措施保护农作物，避免农作物受到不良天气的影响。

因此，在现代农业生产中，传感器越来越受到农业生产者的青睐。但部分厂家生产的农业传感器质量低下，且性能不稳定，“寿命”极短，反而会降低农业生产效率。故而选择合适的传感器对农业生产非常重要，农业生产者可以从材料、稳定性两个方面出发选择传感器。

1.材料

因为大棚里的温度和湿度都非常高，所以农业传感器要做到防水、抗腐蚀、耐高温、防真菌。例如，目前被广泛应用在农业生产领域的陶瓷电路板就是比较稳定的材料，不仅抗腐蚀，而且热膨胀系数低。

2.稳定性

传感器的稳定性决定其能否及时传输数据。农业生产者在选择农业传感器时，要尽量选择免校正或校正周期长的。因为传感器大多都放置在田间，人工校正非常不方便，而且成本也非常高。如果经常校正传感器，就会耗费大量的人力成本，传感器的便捷性会受到影响。

2.3.2 采集器：随时随地了解各项数据

农业物联网的第二层是信息传输层，主要依靠采集器来采集信息。采集器能收集传感器监测到的数据，然后将数据传输至后台。通过硬件与软件的实时通信，农业生产者能从后台直接获取传感器监测到的数据。采集器和传感器不一样，它需要被设置在密封性好的地方，避免受到外界环境的干扰。

许多农业生产者都希望能够实时掌握农业生产各方面的数据。传统农业生产模式没有形成有效的信息传输机制，主要原因在于网络资源有限，响应机制存在缺陷，响应时间过长，延迟频率高。而发展迅速的5G技术具有大带宽、低时延、高传输速度的特性，为建立万物互联的平台提供了强大的技术支持，是实现万物互联的关键所在。

在5G技术的支撑下，采集器能够满足农业生产对智能化技术的需求，使农业生产者得到良好的使用体验，改变了传统农业生产的“粗放式管理”和“事后补救式管理”，从多个层面促进农业生产的智慧化发展。

5G的低时延特性促进了农业物联网的发展，消除了采集系统响应机制延迟性高的弊端，更好地发挥了物联网在农业生产方面的价值。

2.3.3　后台电脑：对信息和数据进行分析

农业物联网的第三层是信息应用层。传感器监测信息，采集器收集信息，这些信息经无线传输汇总至后台，再由后台进行数据分析。

以水产养殖为例，物联网应用到水产养殖中，可为其建立完善的控制系统，有效地解决传统水产养殖的弊端。水产养殖控制系统可实时采集养殖水质的环境信息，生成异常报警信息和水质预警信息；可根据水质监测结果，自动调整养殖设备，在科学养殖与管理的基础上做到节能、环保。

水产养殖控制系统具有以下几个功能。

（1）环境监测：对水质（温度、pH值、溶氧量等）实时监测。

（2）自动控制：调控水质环境及自动与控制设备联动。

（3）指挥调度：调度、派遣水质场景内的装备。

（4）统计决策：对物联网中的信息进行统计分析，根据分析结果提供科学决策支持及统计报表。

信息应用层可以帮助农业生产者对农作物进行24小时监控，一旦有“风吹草动”，农业生产者可以根据相关信息进行科学决策。将物联网应用到农业生产中，不仅降低了农作物的生长风险，还提高了农业生产的效率和农业生产者的管理水平。

2.3.4　物联网时代：“南果北种”不是梦

“南橘北枳”的故事很多人都知道，意思是南方的橘树不能栽种到北方，否则因为气候、土壤、水质等因素的不同，只能结出枳，即味道酸苦的果子。

环境对农作物的生长有着关键性作用，在传统的农业生产方式中，几乎不可能做到无视环境的影响，而“物联网＋5G”可以做到让“南果北种”成为现实。

山东省济南市莱芜区的智慧农业产业园基于物联网、5G、大数据等技术，运用云管理平台，让莲雾、柠檬、木瓜等热带水果在北方地区顺利生长。

产业园主要由大数据中心和数字化种植园组成，利用物联网、5G等技术，用科技手段代替人力，颠覆了传统的农业生产模式，打造了一个全天候、全季节生产的高效农业产业基地，促进莱芜区的可持续发展。

通过运用基于物联网的数据监测设备，农业生产现场的气候可以根据农作物生长状况自动调节，解决了农民“靠天吃饭”的问题。此外，为了保证传感器能够及时采集与农作物生长状况相关的数据，并实时进行影像传输，产业园实现5G网络全覆盖，保障数据上传的实时性。

相关技术可以实现对农业设备的远程精准控制，大幅减少了水、肥、药的使用量，比人工种植更科学，损耗更少。农民只需在家用手机查看回传的实时数据，再结合大数据中心的分析，就可远程控制灌溉、施肥、打药等工作。

“物联网＋5G”应用于农业，推动农业生产和管理数字化，降低农业生产成本，使农作物种植更加便捷、高效。此外，“物联网＋5G”还能推动一、二、三产业融合发展，促进农业可持续发展，为农民面临的难题提供了数字化解决方案。

近年来，传统农业生产方式的弊端逐渐显露出来，农业亟待向科技化、产业化、规模化、智能化转型。物联网革新了农业生产模式，5G提升了农业设备的智能性，技术成为传统农业向智慧农业演进的强大动力。

2.4 大数据突破农业发展瓶颈

当前，大数据技术已经逐渐在各个领域实现了深度应用，农业领域也不例外。利用大数据技术深度赋能农业，已经成为推动乡村产业发展的关键。本节将从大数据赋能农业的5个维度、建设与管理农业大数据中心、开发与推广农业App3个方面入手，详解大数据技术如何突破农业发展的瓶颈。

2.4.1　大数据赋能农业的5个维度

作为一项新兴数字化技术，大数据在各行各业的落地应用越来越深入。在农业领域，大数据发挥着越来越重要的作用。大数据主要从5个维度为农业赋能，如下所述。

1.加速农作物育种

从某种意义上说，农作物育种是不同优良等位基因的重新排列组合。以前，这项工作往往依靠的是专家的肉眼观察和主观判断，专家需要筛选出可以高产、抗性强的育种材料。后来，这项工作逐渐趋于职业化，专家可以提前设计杂交育种试验，并从后代中挑选出比较好的品种进行栽培。现在，大数据打破了“经验为王”的模式，将这项工作做得更高效。

大数据出现并应用于农业以来，有关育种的海量基因信息都可以被提取出来。专家可以根据这些信息对育种进行假设验证和试验规划，有效减少育种过程中消耗的经济成本，避免可能出现的环境风险，从而更高效地培育出对人类健康更有好处的农作物。

现在是各项技术突飞猛进的时代，同时也是农作物育种步入崭新阶段的时代。借助大数据、人工智能、物联网等技术，我国的技术竞争力有了很大提高，科研成果转化也得到进一步加强。未来，技术将为农业生产带来更多可能性。

2.精准预测市场需求

大数据应用于农业可以直接将生产者（农民）和消费者连接起来，有效解决农民盲目生产的问题。目前，在农业市场中，农产品卖难买贵、滞销的现象十分常见。在这种情况下，消费者要为价格比较高的农产品埋单，农民要面临农产品丰产却滞销的风险。

例如，之前海南荔枝大丰收，即使价格低至2元/斤，还是很少有人收购；安徽省歙县三潭枇杷大丰收，但没有销路，导致不少枇杷最终只能归于泥土。这样的案例还有很多，主要原因是产销信息不对称，农民无法精准预测市场需求。

而大数据所具备的强大的数据分析能力能够从源头上解决卖难买贵、滞销等问题。农民可以采集农业生产过程中的所有数据，实现农业生产的供需平衡。此外，农民也可以通过大数据系统进行市场需求分析，形成市场需求报告，对农业生产进行提前规划，降低滞销风险。

3.农产品可追溯

之前，Maradol牌木瓜引发了非常严重的沙门氏菌疫情，不到一个月的时间就有170多个人受到感染。虽然美国疾病预防控制中心已经知道有问题的木瓜来自哪里，但其中的一大部分无法被追踪并召回，从而导致受到感染的人越来越多。

如果与Maradol牌木瓜相关的所有数据都可以被记录和存储下来，那么那场沙门氏菌疫情可能早就被阻断。至少，这些数据可以帮助美国疾病预防控制中心追溯到有问题的木瓜。

相关部门和生产商可以通过大数据加强农产品供应链管理，实现对相关数据的采集、挖掘、分析。这可以带来很多好处，例如，为农产品供应提供更优质的数据服务；提高农产品的流通效率；从源头上保障农产品安全，预防食源性疾病。

目前，绝大多数生产商都会在农产品的外包装上贴一个二维码，这个二维码记录了一些非常重要的数据，如原材料产地、生产加工地、处理方法、存储温度等。农产品供应链上每个环节的工作人员都可以通过这个二维码查询相关数据。有了这个二维码，当农产品出现问题时，消费者就可以直接找到问题源头，从而更好地保护自己的利益。

盒马鲜生是阿里巴巴旗下的一个新零售品牌，其“日日鲜”系列的土豆、西红柿、苹果、橘子等农产品已经实现了全程动态化追踪。通过扫描农产品上的二维码，消费者可以获得生产基地照片、农产品生产流程、生产商资质、农产品检验报告等信息。这便于消费者了解相关信息，也增强了消费者对盒马鲜生的信任和喜爱。

盒马鲜生深入农产品供应链源头，对生产商资质、农产品生产等进行全方位管理。盒马鲜生采用二维码追溯、无线采集、大数据、物联网等技术保障农产品安全，实现了农产品供应的全程数字化监控，让消费者能够买到更安全、更放心的农产品。

4.加强环境监控

农业在发展，农民需要面临环境数据增多、监控范围进一步扩大的挑战，大数据则是应对这些挑战的关键技术。我国必须完善环境监控网络建设，加强环境监控，提升环境监控质量，落实政府、企业、社会的责任与权利，为环境保护提供强大保障。

图2-3　远程视频监控系统

通过引入远程视频监控系统（如图2-3所示），农民可以收集农作物生长过程中的各项数据，再将其上传至云端数据库，对农作物所处环境进行实时监控和分析，提高对农作物种植面积、生长进度、产量的关联管理能力。有了远程视频监控系统，农民可以规避气候灾害，当环境出现异常情况时采取科学的应对措施，不断提高农业生产效率和农作物产量。

5.串联农业产业链

如今，在消费升级、农业转型升级的影响下，产业链的地位得到提升，对于经营主体来说，通过大数据打造垂直一体化的产业链成为当务之急。产业链是从农产品生产到消费者反馈的完美闭环，需要对农产品流通过程中的每个环节进行标准化控制，如图2-4所示。

图2-4 产业链闭环

产业链要做到垂直一体化，最关键的是打通上、中、下游之间的关系。上游要控制农产品质量，中游要提高针对农产品的精加工能力，下游要进行品牌建设。当农业形成垂直一体化的全产业链后，各环节的运作将十分流畅，经营主体所耗费的成本也将大大降低。现在产业链走向垂直一体化已经是不可逆转的趋势，这得益于以大数据为代表的一系列技术的支持。

2.4.2　加强农业大数据中心建设与管理

农业要想实现高质量发展，信息对称非常关键，建设农业大数据中心也很有必要，这可以充分发挥农业大数据在农业方面的创新活力。

例如，武汉禾大科技有限公司（以下简称“禾大科技”）与陕西红果果业达成合作，前者为后者搭建农业大数据中心，帮助后者实现对果园的实时监控，提升种植的科学性和种植决策的合理性，促进苹果产业进入大数据时代。

有了禾大科技的农业大数据中心，苹果的种植和管理变得非常便捷，农民只需要坐在电脑前就能进行浇水、施肥、病虫害预防等工作。农业大数据中心可以向农民展示土壤湿度、空气湿度、降雨量等实时数据，也可以帮助农民查询这方面的历史数据。

借助农业大数据中心，农民不仅可以实现果园精准作业，也可以推动苹果产业的高产、高质、高效。未来，禾大科技还将以农业大数据促进苹果产业发展，为果园定制有利于苹果生长的悬浮肥产品。在国家政策的支持下，越来越多像禾大科技这样的企业将不遗余力地推动数字化生产，让农业尽快走向自动化与智能化时代。

2.4.3　农业App的开发与推广

随着技术的不断发展，很多线下产业都已经通过技术完成转型升级，农业当然也不例外。我国为了让农业更好地适应新时代，鼓励各类智慧农业App的开发与应用。农民可以在智慧农业App上获取农业资讯，实时监控农作物的生长情况。

还有一些智慧农业App经过不断迭代已经具备了更多功能，包括种植管理、产品溯源、金融服务、农业保险等，如图2–5所示。

图2-5　智慧农业App的功能

农民可能没有时间完成上述各项工作，而智慧农业App则可以解决这个问题。为了帮助农民节省时间，减轻农民的劳动压力，智慧农业App通常有远程操作功能，使农民可以在足不出户的情况下完成各项工作。智慧农业App对于促进农业转型升级起着重要作用，现在已经受到了资本市场的青睐，获得了非常不错的发展。

第3章　科学种植：绿色与产能“两手抓”

长期以来，自然环境都严重影响着农业生产的产能。若某一时间段内自然环境极其恶劣，甚至会使整个种植期间内的农产品产量都受到严重的恶劣影响，这也是造成农民“靠天吃饭”的重要原因。随着科学种植的普及与深度应用，逐渐打破农业领域的这一局限性。科学技术与农业的深度融合，使农业生产更加精细化、智能化，适应性也更强，不仅能够显著提升农业产能，还能使环境资源得到更好的保护。

3.1　传统种植被“淘汰”的原因

由于传统种植存在鲜明局限性，这种种植方式正在随着时代的发展逐渐被淘汰。其局限性主要在于无法最大化利用水资源、滥用农药破坏土地资源、种植效率与农产品质量较低等。

3.1.1　无法最大化地利用水资源

根据水利部的反馈，目前我国总用水量正逐步逼近控制范围的临界值，而可开发利用空间又极其有限，因此我国已经接近水资源危机的边缘。

从用水结构来看，每年农业用水占用水总量的六成。我国年缺水量近400

亿立方米，其中农业就占了约300亿立方米，但每年因农产品缺水造成的损失仍超过1500亿元。农业用水浪费而农产品却“喝不饱”，已经成为制约农业可持续发展的重大问题。

我国水资源总量虽居全球第6位，但水资源人均分布不均，用水效率低下且水污染频发。现如今，用水需求与有限供给差距的扩大，以及大面积的水质恶化，极有可能导致农业用水出现危机。

农业灌溉既是“第一用水大户”，也是“第一浪费大户”。自2000年开始，我国农业用水量一直在3500亿立方米/年，超过总用水量的64%。

农业用水粗放、浪费严重是我国农业灌溉最大的弊端。“土渠输水、大水漫灌”的灌溉方式目前仍在普遍沿用，这种方式使大部分水在输水过程中直接损耗。目前我国农田灌溉水的有效利用率仅为52.3%，意味着有将近一半的水没有被实际利用到。

极低的水资源利用率，不仅浪费水资源，还易使农产品更加缺水。灌溉方法不科学，使大部分灌溉用水没有真正作用于农作物。

此外，农业种植还存在着节水意识薄弱、技术标准不完善、管理水平低等问题，因而制订高效节水灌溉的方案已是迫在眉睫。

节水措施包括工程措施、管理措施和农艺措施。工程措施是指喷灌、滴灌、渠道防渗、管道输水等措施；管理措施是指从管理方面加强节水，如控制用水总量、用水定额管理、超出定额累进加价等；农艺措施是指调整农作物种植结构，如在北方减少种植耗水量大的水稻，或者加强耕作覆盖、使用化学保水剂等。

推广节水灌溉不仅可以节约水资源，还可以提高亩产量，创造更高的经济价值。例如，玉米用常规灌溉方式每亩生产成本为300元，利用膜下滴灌技术后，每亩生产成本增加至500元，但亩产量能提升100%，玉米的品质也能提升。玉米的品质提升能使其收购价格提高约18%。总体看来，节水灌溉技术能给农业生产者带来更为丰厚的收益。

3.1.2　农药泛滥引发耕地“后遗症”

从农作物的生长规律看，化肥、农药的确可以调节作物生长并且防治病虫害，帮助农业生产者实现增产增收的目的。但如果化肥、农药使用不当或使用过量，不但容易造成环境污染，还会对人体健康造成威胁。

近几年，由于前期农业生产者滥用化肥与农药，很多耕地都出现了“后遗症”。比如，土质恶化、土壤的肥力下降等，这些问题影响着农作物的产量和质量。另外，农产品的质量下降会带来口感变差、不易存放等问题。这时农业生产者再增加化肥的用量，反而会增加生产成本，使生产过程陷入“死循环”。

农药虽不会直接危及生命，但其会在人体内不断积累，逐渐破坏人体的免疫力，诱发各种慢性疾病。因其症状不明显，经常得不到人们的重视。

随着粮食种植面积逐渐扩大，农药的使用量更是逐年攀升。目前农业主要使用的农药有以下3种。

1.有机磷类农药

有机磷类农药是指含有磷元素的农药，主要用于防治病虫害。而它同时也是一种神经毒物，过量使用会引起神经功能紊乱、语言失常等症状。

2.拟除虫菊酯类农药

拟除虫菊酯类农药是模拟天然除虫菊素合成的一类杀虫剂。这种毒药一般毒性较大，有蓄积性，过量吸入会导致呼吸衰竭、循环衰竭，甚至引发死亡。

3.有机氯农药

有机氯农药是含有有机氯元素的有机化合物，常用于防治植物病虫害。有机氯农药在进入人体后，主要蓄积于脂肪中，然后通过母乳传给胎儿，有引发下一代病变的风险。

过量使用化肥、农药是农业种植的一大弊端。那么，农业生产者该如何应对这一问题呢？以下3种方法可供农业生产者参考。

1.使用测土配方施肥

传统的施肥方式大多依靠农业生产者的经验，而测土配方施肥则相对更科学。这种施肥方法需要对不同区域的土壤进行分析，根据种植农作物的需求去调整氮、磷、钾等微量元素的用量，实现平衡施肥，从而提高农作物的产量。

2.增加有机肥的比重

有机肥主要来源于动植物，是一种为植物提供营养的含碳物料。有机肥的加工过程消除了其中的有害物质，保留了肽类、氮、磷、钾等丰富的营养元素。有机肥可以为农作物提供全面营养，而且肥效长，可以改善土质。

3.注意微量元素的施用

很多农业生产者在施用氮磷钾复合肥后，就不再追肥了。实际上这是一种错误的做法，忽视了对微量元素的利用。适当增加微量元素，可以使肥料中的养分供应平衡，从而达到提高作物产量的目的。

3.1.3 信息闭塞，影响种植效率和质量

传统农业生产主要依靠人力来完成种植环节中的各项工作，如播种、灌溉、施肥等。只灌溉一项工作就要耗费大量的人力，如看水位、开水泵、关水泵等工作都需要有专人负责。过程烦琐自然不必说，但信息反馈不及时却会导致下一阶段的工作无法及时衔接，进而使种植质量降低，令农作物减产。

传统农业生产者从事生产工作时主要依靠经验，这种对经验的依赖会使他们忽视种植过程中的信息流通。殊不知，信息交流可以最大限度地降低依靠经验带来的试错成本。

而5G技术可以帮助农业生产者实现农业生产信息化。5G技术能通过检测外部环境以及植物生长状况，将信息及时反馈给农业生产者，从而串联播种、灌溉、施肥等各个种植环节，打开信息通路。

以江苏南通的东社镇苴居村为例，范伟权是村里水稻种植的大户，随着种植规模的不断扩大，传统种植方式的弊端逐渐显露出来。其中因水稻属于耗水

量大的农作物，灌溉就成了最棘手的问题。

种植水稻对稻田里的水位高度有很高的要求。范伟权为了保证水位高度，安排专人操作水泵、查看水位。但这种传统方式显然是比较耗时耗力的，农忙的时候，一个人就要同时做好几项工作，来回的路程更是有好几千米，无法照顾到所有田地。

对此，南通地区开发了“智慧水利”系统，解决了南通地区70多个水稻种植区的灌溉问题。该系统以5G网络为基础，令农业生产者可以远程操作灌溉事项。利用该系统，工作人员在后台即可实时查看农田里的水位、出水状态及水泵情况等并根据具体情况进行远程操作，信息的传递速度明显超越了人工跑腿时代，灌溉的质量和及时性都比以前更有保障。

这种系统极大地解放了人力，帮助农业生产者实现信息化种植。传统种植中需要人工传递信息确定各个环节进行的时间的工作，皆由系统自动识别、自动控制，进一步摆脱了对人工操作的依赖，大大降低了由于种植环节分散，信息闭塞导致的问题处理不及时、农作物减产的情况的发生概率。

3.2　如何实现科学种植

依托各种新兴技术，各种各样的智能设备被引入农业生产的各个环节中，成为科学种植的重要前提与保障。无人机、智能灌溉设备、智能农机等设备，使农业生产的智能化、数字化水平得到显著提升，正在逐渐打破传统农业“靠天吃饭”的局限。

3.2.1　通过无人机实现高效播种

净潭乡荷花村田间，农业技术人员正在试验无人机播种，如图3-1所示。

图3-1　无人机播种油菜籽

无人机播种是指利用无人机喷射口将种子喷洒到田间，这个过程只需要一个飞手操作即可，7亩地用十分钟即可完成播种。

一些农业生产者会担心播种效果问题，比如，无人机播种是否能够播种均匀，是否能使种子深入土层中等。然而事实上，根据技术人员在佛子山进行的水稻飞播试验，农作物的发芽率和长势情况与手动播种几乎无差别。

7亩地的播种只需要1个人和10分钟就能完成，这无疑极大地解放了生产力。而且这种播种方式作业范围大，不受地形影响，更有利于规模化种植。

机器种植代替人工种植是一种必然趋势。这意味着更多的农业生产者可以从田地劳作中解放出来，取而代之的是机械化、智能化、规模化的农业生产。

作为低空领域的“王者”，无人机的应用优势与农业生产尤为契合。除了提高播种效率外，无人机还能从许多方面助力农业生产，下面将从监测、评估和培育三个方面来介绍这二者结合的好处。

1.监测

监测包括监测农作物状况、生长环境和实时动态等。监测能帮助农业生产者对恶劣天气做出及时应对以及对突发状况做出快速反应，是农业管理的重要环节。

传统农业监测主要依靠人力完成，即农业生产者全天候与农作物待在一起，以便及时根据农作物生长情况作出有效调整，保障农作物顺利生长。这样的做法不仅辛苦而且效率极低，获取的信息更是比较粗略，使得农业生产者无法做出具有针对性的调整。

无人机的应用则改善了上述情况。农业生产者可以利用无人机的摄像头、传感器从高空进行航拍，然后利用大数据进行快速分析，进而更加高效地做出具有针对性的决策。

2.评估

农作物数量庞大，要将每一株都进行统计的复杂程度可想而知。但为了了解农作物的具体产量并制订销售方案，农作物评估是必不可少的。

无人机的红外感应装置能够生成农作物的热成像图片，再辅以大数据计算，就能轻松完成对农作物的评估。其比单纯依靠人工要更加高效和准确。

例如，部分地区的瓜农就依靠无人机来评估产量。瓜农通过操作无人机，拍下整片瓜田的照片，再利用大数据计算出西瓜数量，这样就轻松解决了长久以来困扰瓜农的“数瓜”难题。

这种评估手段不仅可以用于计算作物产量，还可以用于农作物受灾后的灾害评估。这种数据化的评估方式既解放了农业生产者，又使得农业种植向更加现代化的方向前进。

3.培育

培育是农业种植最重要的环节，从播种、灌溉到收获，每一个环节都马虎不得。无人机在农作物培育方面发挥了极大的作用。在播种环节，无人机能自动进行播种；在授粉环节，无人机能进行广泛授粉；在喷洒农药环节，无人机能快速进行全覆盖喷洒；在农田灌溉环节，无人机能可控地进行喷洒灌溉。

无人机的作用贯穿于播种、授粉、施药、灌溉等所有农作物培育环节。与纯人工培育相比，其用量更加精准，不仅能提高劳动生产率，还能保护利用土地资源，对农业可持续发展来说有着非凡的意义。

3.2.2 智能灌溉设备提升水资源利用率

任何农作物的种植都离不开灌溉。灌溉技术一直在发展，从人力灌溉、水泵灌溉等传统灌溉方式发展到滴灌、喷灌这类的现代灌溉方式。而随着当今科技的进一步发展，新一代的智能灌溉方式逐渐走进人们的视野。

智能灌溉系统具有以下5点优势。

1.能够根据土壤湿度决定灌溉水量

该系统拥有土壤湿度传感器，可以实时监测土壤中的水分，当水分低于标准值时，系统就能自动进行灌溉，待土壤水分达到标准值后，系统就会自动关闭。智能灌溉系统能随时把土壤中的含水量调节到最佳状态，让灌溉更加科学合理。

2.拥有智能微控制器

智能灌溉系统最核心的设施是智能微控制器。这些智能微控制器控制着水泵，田间的土壤湿度传感器能将实时数据发送到微控制器，农业生产者只需要设置一个温度和湿度具体范围数值，一旦超出此范围，该智能微控制器就能自动打开水泵进行灌溉。

另外，农业生产者还可以通过移动设备进行远程监控和管理。

3.智能灌溉决策

智能灌溉系统与互联网相连，可以将第三方信息与灌溉系统结合起来。例如，如果天气预报中有雨，则不会自动灌溉，即使实时数据表明该地的土壤含水量在标准范围以下。

4.成本优势

相较于传统的灌溉系统，智能灌溉系统能够降低因灌溉不当造成的农作物枯萎的概率，极大地降低了农业生产者的种植成本。此外，智能灌溉系统始终能让土壤含水量保持在最佳状态，因此农作物的生长周期会缩短，年产量会增加。

5.易于维修

传统灌溉系统容易发生泄漏、裂缝等故障问题。这些问题排查难度大，稍有遗漏就会造成灌溉浪费问题。而智能灌溉系统的所有设备及所有问题都可以被实时检测，一旦发生故障，农业生产者可以轻松地进行维修。

虽然智能灌溉系统有着上述优势，但农业生产者使用智能灌溉系统时，仍需注意以下事项。

1.气候参数的问题

虽然土壤湿度传感器足够智能，但它依旧存在缺点。比如，它不能考虑天气因素以及蒸发、蒸腾过程中损失的水分。因此，农业生产者还可以为智能灌溉系统增加气象传感器，接收实时的天气信息并以此来制定灌溉策略。

2.传感器的放置是否合理

传感器的布局是否合理决定着智能灌溉系统所做的决策是否正确。因此，农业生产者必须保证传感器始终与土壤表面保持接触，不能存在缝隙。

另外，为了获得最佳反馈效果，农业生产者应将温度传感器放置在能够接收最大阳光的区域内。而土壤湿度传感器必须在土壤下方，而且压力不能过高。

3.成本是否足够

相比于传统灌溉设备，智能灌溉设备价格会更高，所以农业生产者在选择的时候，既要考虑效果也要考虑成本。比如，平旋转喷头是斜坡灌溉的理想选择，成本也相对合理。

4.农业生产者的操作技术是否达标

智能灌溉系统是一个相对新颖的概念。其特征和功能相对复杂，大多数传统农业生产者无法驾驭。同时，智能灌溉系统的容错率很低，一旦发生机械或网络故障，就会给农业生产带来极大的损失，因此对于农业生产者的操作技术要求比较高。

3.2.3 智能农机入驻施肥环节

化肥能促进植物生长，增加农作物产量，但其使用量并非越多越好。植物也会产生营养过剩的问题，若农产品种植者施肥过多，不但会影响农作物质量，还会使多余化肥残留在土壤中，致使土质遭到破坏。

基于此，科学施肥，提高化肥利用率，已是刻不容缓之事。

但科学施肥并不是单纯地指少施肥或是使用有机肥，而是讲求所使用的肥料的营养必须均衡。比如，水果若氮肥施多了，能长得很大，但是口感却不好。

而融合5G、卫星定位、物联网技术等形成的智能农机核心控制系统，成功解决了这一问题，实现了高效、精准的施肥、打药。

智能农机系统拥有全自动变量施肥系统以及打药机流量控制系统。全自动变量施肥系统采用高精度差分定位和先进的测速雷达，通过液压技术控制排肥量大小，智能变量施肥；打药机流量控制系统的特点是机电液一体化，利用导航系统的定位信息，结合各类传感器信息，通过控制器智能化控制开关阀、比例阀等，实现打药机精确，精准流量控制。

在桐乡市乌镇，其与中国移动共同打造了5G智慧农场。该农场利用了5G技术，园区内的温度、光照、水肥等均由5G自动管理。遮阳、降温、施肥灌溉这类工作，均由系统采集数据然后自动做出反应，全程都不需要人工参与。

该农场的5G施肥机采用精量混肥桶，在灌溉的同时就能施肥，将水肥作用于农作物根部，极大地减少了中间过程的损耗，节水节肥的同时，令农作物均衡地获取营养。

3.3 跟着先进者学习科学种植

在发展科学种植的过程中，有许多先进者的经验值得我们学习与借鉴。本节将通过对桐乡、安徽淮南、九善农场这3个具体案例的详述，为读者展示科学种植的重要意义。

3.3.1 桐乡：育出好苗，激活农业之“芯”

在农业产业体系中，种业是涉及农业发展命脉的关键产业。浙江桐乡坚持抓住种业振兴这一抓手，坚持推进农业的高质量发展，构建起以政府为主导、以企业为主体，产学研一体、育繁推融合的现代化种业发展体系。坚持培育出优质苗，激活农业之“芯”，推动农村、农民共同富裕。

截至2023年3月，桐乡全市已经累计建立起3个国家级地理标志农产品，27个种子、种苗生产基地，年产优质水产苗种40亿尾、优质种苗超过4亿株，带动了高达44亿元的农业产值。

取得如此亮眼的成绩，离不开桐乡发展乡村振兴的努力与坚持。其具体做法，主要有以下两点。

1.平台孵化与品牌创建并行，打造现代化种业集群

桐乡市全面聚焦种业孵化服务，以镇为单位，建设种业创新平台，以农业产业经济开发区为核心，打造特色错位竞争、资源集约高效、产业优势突出的种业发展格局，以及集良种研发与生产、市场推广与服务为一体的全链条式种业服务，并逐渐实现企业与金融机构、服务机构、政府的顺畅对接。

平稳通畅的孵化平台是种业发展的前提，特色品牌的打造是种业发展的有力支撑。桐乡市积极发挥自身省级农业经济开发区、农业园区等平台要素集约、主体集中、产业集聚的优势，坚持对本地优质种源进行保护与推广，打造“桐之乡味”等特色农产品区域公共品牌。

平台孵化与品牌创建，为桐乡市打造现代化的种业集群提供了条件，使桐乡种业发展逐渐做大做强，培育出一批批优秀的种业企业。

2.深化合作与创新，推动成果不断转化

积极开展校企合作，成立多个创新研究院、科研基地、工作站，从研发、共享、培训、创新、管理等各个层面出发，加快推进科技成果与创新的推广与转化。

该地区还不断以创新推动发展，积极实施数字化改革，着力于攻关种源核心技术，探索新品种的培育与推广。建设数字化的种苗工厂，配备智能化设备与数字化种苗技术，使劳动力消耗大大降低，同时还显著提高了种苗嫁接的成功率。

通过不断推动成果转化，桐乡种业的经济效益得到显著提升，营造出优质农业经商环境，使桐乡地区的乡村经济得以飞速发展，能够有效带动村民共富。

3.3.2 安徽淮南：神奇的果园灌溉项目

在安徽省淮南市凤台县智慧农业园里，鲜红的西红柿、翠绿的黄瓜在智能温室大棚内散发着阵阵清香。在这个看似普通的蔬菜大棚里，却没有传统种植业必备要素——“土”。

实际上，凤台县智慧农业园以农业观光为主，是农业现代化研发和销售的高科技农业项目，园区采用无土高架栽培模式，通过新型椰糠栽培技术和智能水肥系统，将营养吸收率提高至普通种植模式的一倍，使产量指标和生产能力达到了行业先进水平。

有机水溶肥精准滴灌实现了水肥一体化，既能提高水肥利用率，又节省了劳动力，便于管理。发展低压管道节水灌溉，充分利用现有水资源，实现灌溉时间、灌溉水量和灌溉方式等方面的配置优化。自动化控制使灌溉效果明显优于普通的地面灌溉。

凤台县智慧农业园通过数字技术实现了智慧种植模式，使人们对种植模式有了全新的认知，成功从“靠天吃饭”转变为“数字种田”。在园区的智能控制室内，工作人员可以通过电脑对每个温室的温度、湿度以及光照等进行实时观测和调控。发展智慧农业园促使凤台县果蔬拥有更大产量、更优质量和更高产值。

为保证培育的果蔬健康绿色，园区内还组建了全流程检测中心和多个实验室，针对育种、栽培及病虫害综合防治等方面进行检测研究。

随着园区逐步投产，帮助实现了周边地区农民的就近就地就业。园区会对一些文化水平较高、接受能力较强的农民开展技术培训，争取做到让每个人都能管理5万～10万平方米的栽种区域，帮助农民真正实现向产业工人的转变。张露是凤台县桂集村村民，智慧农业园开园招工时，她加入园区成为第一批工人，到今天已经成为园区的技术骨干。

3.3.3 九善农场：“从田里到碗里”的有机种植

九善农场位于上海浦东川沙，被称为“魔都天花板”。农场占地400亩，毗邻迪士尼乐园，四周水道纵横、绿荫环绕、资源丰富，具有得天独厚的区位优势。农场里的每个角落都细节满满，任意一把椅子、一个木马或者一块指示牌，都可能是来自世界各地的艺术品，拥有自己的故事。

九善农场的名字来源于nine merits，意为农场将遵循9个准则发展有机种植。农场的创始人是一对海归夫妇，两人都从事建筑设计工作。偶然买下这座农场后，夫妇二人决定以农作、农艺和农育为基础，把有机种植和自然艺术结合在一起，将永续与美作为农场的发展理念，为大众打造了一个可以认识自然、亲近自然的乐园。

农场只发展有机种植，实践生态农耕。农场创始人将有机农场作为发展基础，社区支持农业作为发展方向，不选择大面积的商业渠道去进行农产品销售，而是为那些与农场有一定距离的居民服务，这样还可以减少物流排放、包装浪费等方面的资源消耗。

在农作方面，农场以有机生态种植为导向，严格遵循二十四节气，与现代高科技农业相结合，实现大田、基质、水培以及气雾培育等多种种植方式，以生产有机蔬果和种植花草。农场的创始人拒绝使用化肥农药等化学药剂，坚持使用生态自堆肥对土壤进行改良。

在农艺方面，农场内建立了园艺疗法工作室和再生花房，为人们提供自然绘画和创意手作等亲子课程，体现了农场倡导和谐与美的生活理念。

在农育方面，九善农场是上海很多国际学校进行科学日活动的基地。农场为青少年提供了科普自然农业和实践教育培训的平台，让孩子们可以化身小农夫，亲身感受农耕生活，认识不同种类的动植物，了解不同果蔬对人体的重要性，加深对土壤与自然节气知识的认识。由于九善农场是上海为数不多自己堆肥的农场，孩子们可以在现场观看到堆肥的实践和讲解。

九善农场进行义工招募，通过参加农业工作换取新鲜的有机蔬菜。农场还提供多种有机健康料理、农艺课程、农作实践以及游乐项目，让越来越多的人在农场举行家庭日或聚会，通过农场结交新朋友。

第 4 章　环境监控：对“靠天吃饭”说“No”

新技术带来新发展，农业生产也需要与时俱进。通过各种科技手段进行环境监控，观察气象发展、关注农作物生长环境、预测自然灾害，将大大降低农业生产中的各种风险，使农民能够彻底摆脱“靠天吃饭”的局限。

4.1　观察气象发展，降低风险

气象变化对农业的影响毋庸置疑，而气象发展瞬息万变，如果不能通过科学的技术与方式掌握气象变动的规律，那么农产品种植必将面临较大的风险。借助5G、传感器等技术，农业从业者能够更加准确地监测气象变动的情况，提前做好应对的准备，大大降低风险。

4.1.1　借助5G监控气象动态，“观天”更方便

自殷商时期，便有了“壬申雪，止雨酉昼；己卯雹，乙酉大雨”这样类似天气预报的记载。后来人们发现能根据周围环境的变化来预测天气，比如，云的形状、动物的行为等。农业谚语中就有“鱼鳞天，不雨也风癫”的说法，这是对于卷积云的预测。

农业自古以来就是一个“靠天吃饭”的行业，农作物的收成与天气有着密

不可分的关系。农业生产者为提高收成，对预测天气做过各种尝试。发展到如今，虽然预测准确率得到大幅度提升，但农业生产依旧会被不确定的天气因素影响。

虽然现有的通信技术已经基本保障了数据传输的稳定性，但国家级气象站需要的是实体地面专线。而且对于部分碍于客观条件无法建设地面网络的站点来说，现有的通信技术依然无法满足其气象工作的需要。

但5G技术的出现，给上述难题带来了解决之法。5G技术能够提升全国站点通信网络建设能力，使碍于客观条件无法建设地面网络的站点也能具备无线网络连接能力，使数据收集更加全面，从而更有利于气象业务的发展。比如，天气实景视频直播可以通过5G网络进行实时回传和共享，满足临时预报的需求。

5G技术能够为整个气象行业带来巨大变革。例如，基层的气象服务人员在做现场服务时，能随时通过5G网络与当地的气象部门业务平台进行连接，从平台处调取实时数据和预报信息，令气象服务深入田间地头，为农业生产提供更准确、及时的帮助。

5G技术的普及会使更多设备参与到气象观测活动中，诸如气象传感器、可穿戴设备甚至生活中任何一款智能产品，都可以为天气预测提供数据，从而使天气信息的收集来源更加多元化，提升天气预测的准确率。例如，国外曾研发过一款智能雨刷器，它能够识别降雨强度并反馈到天气信息收集系统。

4.1.2 引进传感器，实时报告气象

受人力成本提高、农业用地减少等因素的影响，传统的农业生产模式在产量、成本等方面无法满足现代文明发展的需求。因此，智慧农业开始发展。

智慧农业最重要的成果之一就是传感器。它解决了农业自古以来“靠天吃饭”的问题。传感器可以全天候监测农作物周边的环境变化，实时报告天气数据。农业生产者可以结合传感器提供的数据进行分析，做出预判，调整农业管

理策略。

下面结合吉林市的万昌现代农业发展先导区的案例来看一下。

万昌地区一直以“万昌大米”而闻名。在当地的现代农业发展园区内，田地边上安装着许多小型气象站。这些气象站监测着稻田范围内的气候。当温度、湿度等气象数据发生变化时，大数据中心就能快速对其进行分析并自动做出应对。

在此现代农业发展园区，影响植物生长的环境因素，比如，温度、湿度、光照等都由电脑程序智能调节，其生产效益是普通温室的5倍。

用传感器收集天气信息，实时调节大棚内的气候环境，使此地一年四季都能生产各类蔬菜。哪怕身处北方，该地区也能生产热带水果。其果蔬产业园内，木瓜、香蕉等作物都长势喜人。

传感器能够实现对大棚内温度、光照、土壤等因素的实时监控，最大限度地避免天气变化对农作物生长造成影响。另外，传感器的应用有效降低了人力成本，使农业生产步入智能化、自动化和远程控制化。其提高了农作物的抗灾、抗风险能力，提升了农业生产效率。

4.2　关注农作物生长，优化环境

对于农业产业来说，农作物生长过程的每一个阶段都至关重要。并且，生长过程中出现的问题，很难在后期得到逆转，往往会直接影响最终农产品质量的呈现。唯有时刻关注农作物生长的过程，为农作为提供温度、湿度等各方面条件都适宜的生长环境，才能收获质量上乘的高价值农产品。

4.2.1　采集并分析温度、湿度等重要数据

在传统农业生产方式中，温度、湿度等环境数据很难被采集到，大多数农业生产者都是凭借自身的经验来估算这些数据，进而做出决策。这种方法虽然也能解决一部分问题，但由于得出的数据不够精确，对环境变化的反应不够及

时，很容易使农业生产者作出错误的决策，导致农业生产遭受损失。

而现代农业中的温、湿度监控系统，能够对农业大棚内的温、湿度进行监测，帮助农业生产者实时了解大棚内的环境状况。此系统会以数据的方式直观地将环境状况展示出来，农业生产者可以通过数值的变化，及时地采取针对性的调整措施，保证环境适宜农作物生长。

温、湿度监控系统的主要原理是，通过温度和湿度传感器监测室内的温度和湿度，然后再利用采集器对数据进行收集，最后把数据通过网络上传至后台。农业生产者就可以通过后台直接看到温度和湿度的数据了。另外，此系统还配备了监控探头，让农业生产者可以直接观看大棚内的情况。

以托莱斯公司生产的监控系统为例，它不仅能够实时监测室内温、湿度的数据，还可以通过后台直接控制遮阳设备、风机设备等。其优势在于，后台系统在分析传感器上传的数据之后，能及时做出应对，极大地节约了人力成本。

现今很多农业种植基地都使用了这种系统，避免了传统人工预测的问题，使农作物种植更加科学化。目前，农业监控系统主要有以下3类。

1.监控功能系统

监控功能系统是指利用无线网络获取农作物生长环境的数据，如空气温度、土壤水分、光照强度、植物养分等参数。另外，其他参数也可以选配监控，如土壤的pH值、电导率等。

监控功能系统能自动进行信息收集，它可以接收传感器发来的数据并将其存储和管理。该系统能够自动获取、管理、显示和分析基地内所有信息，再将其以直观的图表和曲线展示给农业生产者。然后根据以上反馈信息，自动进行灌溉、降温、卷膜、施肥、喷药等工作。

2.监测功能系统

监测功能系统的主要作用是对园区内的信息进行自动检测与控制。每个节点都可以监测水分、温度、湿度、光照、养分含量等环境参数，并根据农作物与环境状况进行声光报警或短信报警。

3.实时图像与视频监控系统

在实际的农业生产中，仅是数值化的物物相连并不能让农业生产者做出最佳决策，视频和实时影像才是更直观的表达方式。比如，某一株农作物缺水了，在数据上仅能看到水分数值偏低。但具体的灌溉水量还需按照农作物的实际情况，而不是按照数值直接灌溉，因为每个地区的生产环境都不一样，这是技术无法改变的。

而视频监控系统可以直观地反映出农作物的具体状况和生长长势。通过实时图像外加数据资料，农业生产者便能做出科学决策。

4.2.2　智能温室：营造适合农作物生长的完美环境

天气是影响农业生产的重要因素。在全球气候变化加剧的大背景下，农业产业的不可预测性也随之加剧。为了拥有更高的生产效率和防灾能力，以高新技术为基础的现代化农业生产方式诞生了。其中智能温室就是一个典型的例子。

温室是指能为农作物生长提供最适宜条件的可控的环境。传统温室不论是内部气候还是农作物生长的数据，都是由人工记录的。其耕作模式僵化，人工无法预判突发状况。

而智能温室则能够通过传感器和通信技术，随时自动监测周围环境和农作物的数据。这些数据会被系统上传到物联网平台，然后结合大数据分析技术来确定环境有无异常。在智能温室中，空调、照明、灌溉和喷洒等设备都可以根据数据分析的结果随时按需调节。另外，智能温室还可以通过监控与数据分析系统预测农作物感染疾病的风险，进而增强农业生产者应对突发状况的能力。

在农业和植方面，智能温室主要有以下4个优点。

1.保持理想的农作物生长条件

物联网传感器可以帮助农业生产者全面收集温室内的温度、湿度、光照和二氧化碳含量等数据。这些数据都会实时上传至大数据中心，然后系统会根据大数据中心的分析结果调节空调和照明等设备，维持农作物生长的最理想条件。

2.精准灌溉施肥

除了维持农作物的生长条件外，智能温室还能精准地完成灌溉、施肥等工作。比如，系统显示某一株农作物缺水了，喷洒器就会自动灌溉，直到标准数值自动停止。

3.控制感染，避免疾病暴发

农作物感染是长期困扰农业生产者的难题，每次感染暴发都会给农业生产者带来巨大的损失。解决此问题的普遍方式是喷洒农药，但农业生产者往往无法精确掌握喷洒农药的最佳时间，若农药使用不当，反而会带来安全、成本等方面的问题。

智能温室能够全天候监测农作物的生长状况，一有异常便立即向农业生产者发出警报。因此农业生产者可以在感染暴发的第一时间对农作物进行治疗，最大限度地降低风险。

4.防止盗窃

高价值农作物很容易成为偷盗者的目标。由于传统温室使用的闭路电视的监控系统价格高昂，农业生产者为节约成本，很少安装有效的安全系统，给偷盗者可乘之机。而智能温室的物联网传感器有监测温室大门状态的功能，农业生产者可将这个功能与自动报警系统相连，当出现可疑人物时，系统就会自动报警。

农业生产的本质是利用有限的资源供养不断增长的人口。智能温室的出现顺应了这样的趋势，在一个人力成本逐渐提高、资源逐渐减少的条件下，其能帮助农业生产者大幅提高农作物产量。

4.3　预测自然灾害，降低风险

自然灾害，对于农业生产者来说有着毁灭性的打击。例如旱灾、涝灾、病虫害等自然灾害，甚至有可能造成灾害所在地区颗粒无收。预测自然灾害，并采取一定的预防措施，降低风险，是农业生产领域十分重要的工作。

4.3.1　提前掌握墒情、旱情并采取措施

高温和干旱历来会对农作物生产产生严重影响，它们使农业生产者闻风丧胆。严重的干旱能使农作物产量锐减甚至是绝收，这意味着农业生产者的努力将会全部付诸东流，且需要面临无收入的风险。

而5G和物联网的结合帮助农业生产者改善了这一困境。其能够根据不同地域的土壤类型、灌溉方式、作物种类等划分不同区域，通过各种传感器和智能气象站实现在线获取土壤墒情、养分、气象信息等，实时监测天气变化。它能够有效帮助农业生产者规避自然灾害，实现墒情、旱情自动预报，减少其带来的损失。

墒情（旱情）监测预警系统可解决传统种植过程中对农作物墒情（旱情）监测不及时的问题，为水肥智能决策、控制提供依据，如图4–1所示。

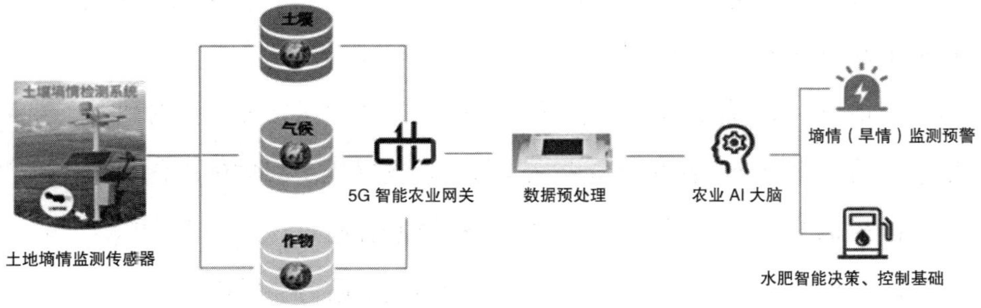

图4–1　墒情（旱情）监测预警系统

土壤墒情系统通过传感器采集土壤数据、气象数据、农作物生理数据等，再借助5G网络将获取的现场墒情信息实时回传数据处理中心，由系统进行整合分析，通过和标准墒情信息数据库中对应农作物的标准数据进行对比，达到监测预警墒情的目的。

4.3.2 更智能、迅速的病虫害诊断

农作物病虫害是主要农业灾害之一。若不做好预防措施，其一旦大面积流行，便会给农业生产者带来巨大的损失。预测预报病虫害的主要内容包括评估病虫害是否流行及其严重程度，是否需要防治以及防治的时机等。当评估完成后，再针对上述评估结果及时发出预警，指导农业生产者及早制订应对方案。

病虫害种类非常多，传统的病虫害预防工作对农业生产者的技能和经验有较强的依赖性，成功的概率也并不大。因此想要做到科学预防病虫害，必须先摆脱对人的依赖，把众多农业专家的经验转化为可快速复制、普遍应用的通用准则，让广大农业生产者能第一时间得到专业的指导。

而深圳市识农智能科技有限公司研发的“识农”App达到了上述要求。识农App拥有强大的数据库。该数据库的信息有三方面的来源：第一方面是与有关专家、科研院所进行合作；第二方面是工作人员亲自去田间收集的相关数据；第三方面是App用户上传的病虫害数据。这些使得该App能够从全局角度精准把握病虫害发生的趋势。

“识农”App能将用户上传的案例存储为个性化档案，根据其需求针对性地给予精细化指导，使用户能够在有效防治的基础上科学施用化肥与农药。

以柑橘为例，每天会有大量的柑橘种植者通过该App识别柑橘上的病虫害。用户拍摄发病作物的照片并上传后，该App后台会运用AI算法进行识别分析，进而指导柑橘种植者用药。若AI无法识别，用户便可以咨询后台的专家，再由专家进一步给出确诊信息和解决方案。

这种智能防治系统能够有效降低试错成本，帮助农业生产者提高种植效率。它使农业生产者在预防自然灾害时从依靠经验、人力到依靠科技，为农业生产带来了极大便利。

第5章　农民职业化：培养高素质农民

农民是发展乡村振兴的重要主体之一，可以说，没有农民，就没有农业。提升农民的劳动素质，培养专业化、职业化的农民，已经成为推动农业发展的必由之路。

5.1　乡村振兴离不开人才

不管在哪行业里，人才都是行业发展、行业水平提升的重要资源，乡村振兴也不例外。乡村振兴离不开人才，只有越来越多的人才流向乡村，才能够使乡村获得持续发展的动力。乡村需要通过产业建设、完善人才体系等手段，不断吸引并留住人才，推动地区经济高速发展。

5.1.1　通过产业建设吸引并留住人才

人才是加快地方发展速度的关键因素，同时，人才还能为地方吸引更多其他资源。人才与地方发达程度是相辅相成的关系。地方越发达则人才数量越多，人才数量越多则地方越发达。但这也意味着，若一个地方无法吸引人才，则只会陷入“缺乏人才—贫困加剧—更缺乏人才”的怪圈。因此，乡村若想实现振兴目的，就要留住人才并发挥人才的作用。

想要留住人才，首先，乡村要发展产业。产业能吸纳人才，为人才提供发挥能力的平台。乡村应鼓励人才创业，依靠特色产业吸纳人才回乡就业。

其次，乡村要注重教育，培养人才。随着科技与种植技术的发展，种植早已不再是“看天吃饭”之事。但先进的种植技术也要求农民必须有与之匹配的高素质。因此乡村必须重视对高素质农民和人才的培养。比如开办农民夜校、提升乡村教育等。

再次，乡村要吸引人才。人才是乡村振兴的重要力量，欲解决人才缺乏的问题，乡村就需要加大政策引才力度。除却引进外来人才，本土人才的力量也应得到重视。

最后，乡村要做到“以用为先”，保证人才的能力能够充分发挥。如此，人才才愿意留在乡村，全身心地投入到乡村振兴的事业当中，为乡村振兴持续地贡献力量。

下面结合广州市白云区的例子来看一下。为实现乡村振兴，白云区推出了“人才 +”模式。在该模式下，白云区将乡村与中心城区的人才、产业等资源紧密对接，将人才引向乡村振兴的一线，令人才聚集，再令人才投身到特色产业的发展中，使人才与特色产业带动一方致富。

2020年上半年，该区共引进旅游业、商务业的人才近500人。这批人才推动建设了市级以上农业企业50余家、市级观光休闲农业示范村8个以及市级“一村一品”专业村3个。此外，还推动了如世外桃源一类的一、二、三产业融合发展产业的建设。

这批企业又举办了招聘会，引导企业与乡村自愿结对帮扶，这一举动为当地村民提供了近3000个就业岗位。

“事靠人做，业由人兴。”乡村振兴战略离不开人才，“产业 + 人才”模式能使产业与人才融合，使人才促进产业发展，产业吸引人才聚集，推进乡村快速朝着振兴目标发展。

5.1.2　完善人才体系，增加一批技术人才

王杰是一名农业大学的毕业生。当初他之所以选择农业大学，就是想通过自己的力量，带领乡亲们摆脱贫困，走向致富之道。

王杰的家乡本是一个土壤肥沃，水源充足的地方。但是由于乡亲们的农作物栽培方法落后，收成有限，所以他的家乡长期处于贫困落后的状态。他的父母也是其中的一员，尽管他们非常勤劳，然而收入却十分微薄，就连王杰上大学的学费都是贷款而来。

从农业大学毕业后，王杰并没有忘记自己的初衷，于是他毅然决然地回到家乡。他的父母对他的这种举动表示不解，也并不支持他这样做。然而，王杰还是排除万难，开始了他的返乡计划。王杰成立了一家农业技术指导公司，开始免费为乡亲们提供农业技术指导。半年时间过去了，王杰家乡的各种农作物的长势都有好转，产量也大大增加了。

王杰的案例就是典型的"科技 + 人才"带动农业发展的案例。《中共中央　国务院关于全面推进乡村振兴加快农业农村现代化的意见》中表明，要强化现代农业科技和物质装备支撑，加快推进农业现代化。

欲使"科技 + 人才"带动农业发展，乡村可以参考以下几点做法：

（1）将创新技术、科研成果、高端人才这类的资源向农业农村集中，令科研院校人才在乡村振兴事业中发挥带头作用；

（2）与农科院、农业大学这类专业技术团队合作，建立对接关系；

（3）利用先进适用技术，围绕当地特色产业开展科技帮扶项目。

5.2　为农民提供职业教育

长期以来，人们往往对农民有着文化水平较低、只擅长体力劳动的刻板印象。随着时代不断发展，农业生产中也涌现出越来越多的新兴技术，传统的手工劳动的生产效益逐渐降低，农民也需要紧跟时代发展，接受职业教育，学习

更加专业化的职业技术，成为新时代的新农民。

5.2.1 职业教育格局："一主多元"模式

传统农业从事者主要依靠经验与人力，其常年劳作，付出大量的劳动力但收入却相对微薄。随着社会的发展与进步，新技术不断融入农业，农业也不再是只需要体力劳动的行业了，高素质农民的重要性也逐渐凸显。

《中共中央　国务院关于全面推进乡村振兴加快农业农村现代化的意见》中明确提出："培育高素质农民，组织参加技能评价、学历教育，设立专门面向农民的技能大赛。吸引城市各方面人才到农村创业创新，参与乡村振兴和现代农业建设。"

由此可知，乡村若想振兴，必须拥有高素质农民。那么，高素质农民需要具备哪些素质呢？乡村又该如何系统性地培训高素质农民呢？

先来看高素质农民应具备的素质。《中国共产党农村工作条例》第二十一条明确提出："各级党委应当加强农村人才队伍建设。建立县域专业人才统筹使用制度和农村人才定向委托培养制度。大力提高乡村教师、医生队伍素质。加强农业科技人才队伍和技术推广队伍建设。培养一支有文化、懂技术、善经营、会管理的高素质农民队伍，造就更多乡土人才。"

当各种新兴技术与农业结合后，农业生产者必须对新技术及新变化有足够的了解，能够适应新技术带来的改变。综上所述，高素质农民必须是"有文化、懂技术、善经营、会管理的"。高素质农民包括经营管理型、技能服务型与专业生产型三大类。

培养高素质农民是达成振兴目标的重要途径。乡村可以采用"一主多元"的教育培训体系。"一主多元"的"一主"指的是各农民教育培训专门机构作为培训主体，比如，农民科技教育培训中心、农广校等为主体；而"多元"指的是作为辅助的农业科研院所、农业院校等其他社会力量。"一主多元"的培训体系层次与形式多样，覆盖面积广，具有经常性和制度化的特点，能够满足高素质农民的教育培训需求。

此培训体系能够强化各农业科研院所、农业院校的社会服务功能，将科研与教学同农民教育培训结合起来，充分利用各种农民教育培训资源。

5.2.2　教育农民要以实践为主，学习为辅

在乡村振兴战略中，农民是主体，高素质农民更是十分难得的人才。2020年中央一号文件明确提出："培养更多知农爱农、扎根乡村的人才，推动更多科技成果应用到田间地头""整合利用农业广播学校、农业科研院所、涉农院校、农业龙头企业等各类资源，加快构建高素质农民教育培训体系。"

为了全面落实中央一号文件的要求，我国要助力农村构建完善的高素质农民教育培训体系，让农业广播电视学校发挥更重要的作用。农业是一个需要农民亲身体验，也需要丰富经验的产业，因此，在进行高素质农民培训时，组织实践活动是非常必要的，同时也要做到劳逸结合，以灵活的伴随式学习降低学习者的压力。

5.2.3　河南夏邑的职业教育经验分析

高某是河南省商丘市夏邑县人。他早年在南方经商，后回到家乡务农，使用大棚种植甜瓜。因为缺乏甜瓜种植经验，高某种植的甜瓜患上白粉病。后农广校的老师教给他"闷棚"方法，高某才保住了下一批甜瓜作物。喜出望外的高某又进修了现代农艺技术专业，靠着这些知识，他年收入近50万元，在当地带头致富。

在夏邑县，如高某这般参加过农民职业培训的人数高达13万。这些从农民教育培训中获益的人，支撑现代农业的发展。

"农民需要什么技术就开展什么样的培训，使农民听了就明白、学了就会用、用了就能增加收入。"本着这样的出发点，夏邑县以"培养新农民、发展新农业、建设新农村"为己任，采用了"四步培养法"来振兴乡村，如图5-1所示。

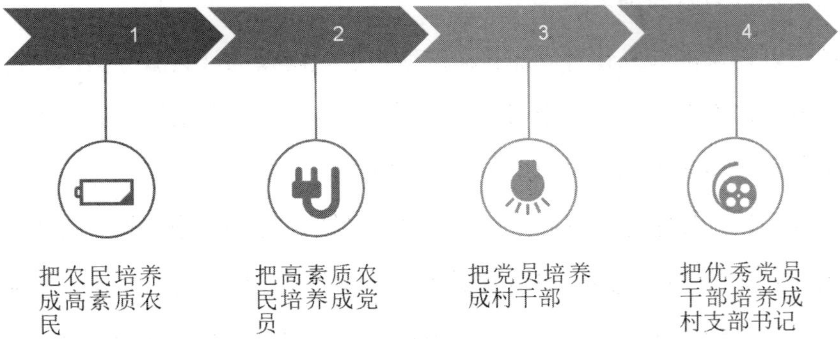

图5-1　振兴乡村的“四步培养法”

这种环环相扣的培养方法，能够让相关部门真正了解基层农民的情况，精准地带领农民走上致富道路，达成振兴乡村的目的。

培育高素质农民，实施乡村振兴战略，能够为农业与农村的发展带来以下影响：

（1）提高农业的质量、效益与竞争力，让更多人留在农村，解决农村人才流失的问题；

（2）扩大新型农业经营主体，唤醒农村发展活力；

（3）促进农村各产业融合，进一步开展创业、创新；

（4）引领农业绿色发展，使农村达成“三生”（生产、生态、生活）共赢的局面。

5.3　鼓励农民持证上岗

大多数职业都需要持证才能上岗，例如教师、医生、司机、会计、厨师等。传统意义上的农民并没有严格的职业水平要求，他们往往是承袭祖祖辈辈一直以来的种植经验，无须持证上岗，只要进行农事活动便自动成为农民。而新时代的新农民，专业性更强，职业特点更加突出，持证上岗也逐渐成为新农民的重要标志之一。

5.3.1　考取职称，做新型职业农民

新型职业农民会将农业作为固定职业或终生职业。新型职业农民具有六大特征，如图5-2所示。

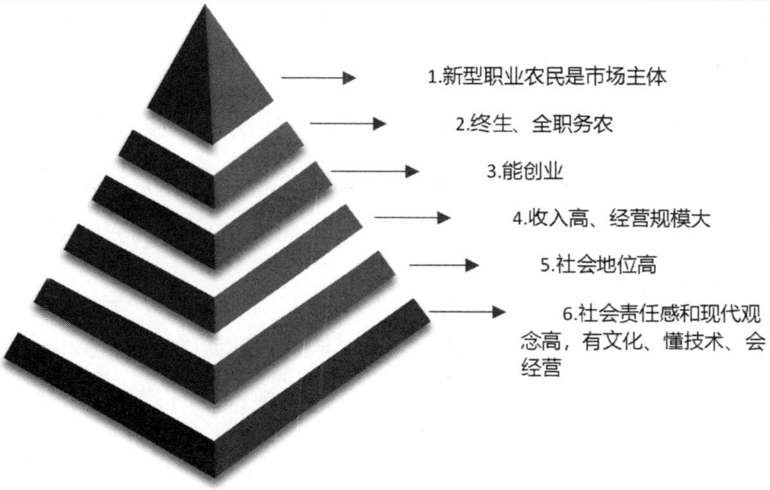

图5-2　新型职业农民的六大特征

培育新型职业农民不仅能够解决“谁来种地”的问题，还能够高效种地、科学种地。

《“十三五”全国新型职业农民培育发展规划》提到：“新型职业农民正在成为现代农业建设的主导力量。随着现代农业加快发展和农民教育培训工作有效开展，一大批新型职业农民快速成长，一批高素质的青年农民正在成为专业大户、家庭农场主、农民合作社领办人和农业企业骨干，一批农民工、中高等院校毕业生、退役士兵、科技人员等返乡下乡人员加入新型职业农民队伍，工商资本进入农业领域，‘互联网＋’现代农业等新业态催生一批新型农

民，新型职业农民正逐步成为适度规模经营的主体，为现代农业发展注入新鲜血液。”

新型职业农民分为3类，分别为生产型职业农民、服务型职业农民、经营型职业农民。

（1）生产型职业农民。此类型农民拥有一种或几种高专业度的农业生产技术以及大量农业生产经验。其所从事的农业生产活动具有高附加价值，比如园艺、经济作物等。

（2）服务型职业农民。此类型农民拥有一定的农业服务技能，主要服务对象为农业产前、产中和产后的群体，比如农产品电商人才、农害防治人员。

（3）经营型职业农民。此类型农民拥有一定的资金或技术以及丰富的农业生产经营管理经验。其主要从事与农业生产有关的经营管理工作。

而新型农民职业证书是指达到新型农民职业要求的农民群体和通过各类涉农大专院校培训的群体所取得的职业证书。取得该证书有两个条件：一是需要经过600个学时的培训；二是通过相关的考试。

新型农民职业证书有两方面的作用：一是农民凭此证书可以在农业生产的过程中获得免费的指导；二是农民凭此证书可以获得相关农业政策扶持，比如创业贷款、农业生产用地等。

5.3.2 帮助农民做规范化经营

目前乡村地区的村民主要有两种经营模式，一种是个体经营，另一种是与合作社合作经营。依靠个体和经验经营的模式，普遍无法快速发展和可持续发展。下面结合一个具体案例来看。

吕某是A村的村民，从事农产品销售业务。一开始，农作物的销售工作主要依靠他和其他村民。他们每天会拿出地图，划分区域，然后由不同人负责不同区域的销售工作。这种销售方式虽然销量大，但始终不稳定。一旦农产品销售不及时，就会面临变质的风险。

后来吕某偶然之中了解了规范化经营的发展理念，于是同众村民一起对现有的经营模式进行了改革。其具体做法如下。

1.成立销售工厂

由村民供货，员工统一打包农产品，而后进行销售工作。收入按村民所供农产品的数量和质量进行分配。

2.采取合作化经营模式

A村的农民专业合作社经营范围广，其主要经营对象为当地的特产和农产品。其中有四种颇具特色的合作化经营方法值得借鉴，下面来具体看一下。

（1）成立“社企连接”型合作社。“社企连接”型合作社由当地龙头企业主导，通过企业与合作社合作的方法，构建以龙头企业为主导，将农民专业合作社当作主体的合作模式。在这种合作模式下，农民能够同合作社建立密切的合作关系。

以该村的茶叶专业合作社为例，其由A村一家茶厂发起，帮助附近约400家农户提高了收入。该茶厂在此合作模式中负责向合作社提供其生产所需的农业物资。为保障生产效率和产品质量，该厂聘用了专业茶叶种植人员和技术顾问，从源头上把控茶叶的质量与产量。

这一模式降低了茶叶的生产成本和生产风险，提高了合作社各成员的收入以及合作社的市场竞争力，令企业、合作社与农民三方共赢。

（2）成立“社户连接”型合作社。农民专业合作社与个体农户合作，以“合作社＋农户”的模式进行生产，是其进入市场的主要渠道之一。在该合作模式下，农民专业合作社可为农民提供技术指导和管理经验，而农民生产出的农产品在农民专业合作社的资金链和销售渠道等优势的帮助下，能够产生品牌效益。

这种合作模式从农产品的生产技术、质量、定价等角度帮助农民解决了农产品滞销的问题。举例来说，该村的养蜂专业合作社就是典型的“合作社＋农户”的生产模式。该养蜂专业合作社的创始人拥有20年的养殖经验并拥有自己的品牌。

之后其建立了该合作社，联合当地养蜂人共同养蜂。创始人为当地养蜂人提供养蜂指导，产出的蜂蜜则以此养蜂人的品牌名义进行售卖。“社户连接”型合作社的本质是先进个人带动他人共同致富。此种合作社形式也是最常见的形式之一。

（3）成立“社超连接”型合作社。“社超连接”型合作社是指农民专业合作社直接向市场供货，是一种跳过传统中间收购商的直接合作模式。该合作模式拓宽了农产品的销售渠道，且因为没有中间商赚取差价，增加了合作社和农民的收入。

例如，该村的蔬菜专业合作社就是典型的“合作社＋市场”的生产模式。该蔬菜专业合作社的蔬菜统一采用品牌名和包装样式，通过专属渠道直接配送到当地实体超市。

（4）成立“社店结合”型合作社。“社店结合”型合作社指的是合作社开设专营店铺售卖农产品。在这种模式下，合作社能够直面消费者，及时了解其需求并得到消费者的反馈信息。通过反馈信息，合作社能够及时对生产销售的各个环节进行调整和管理。

这种模式能够减少中间代理商的成本，增加合作社的利润。但其缺点是成本较高，因为开设专营店铺需要大量成本，比如房租、网费、员工工资、装修费等。而且当专营店铺的收入不理想时，合作社的整体状况都会受影响。

但随着互联网技术和电子商务行业的发展，大量合作社改开网店，此类型的合作社逐渐转为电子商务型合作社。电子商务型合作社使企业、厂家、合作社的连接更密切。比如，当地的茶叶专业合作社开设了一家线上旗舰店，由当地茶厂直接提供品牌货。

3.建立产品生产标准

建立产品生产标准的目的在于生产优质安全的农产品。这种标准化的农产品更符合消费者的需求，也更容易打造品牌，提高农产品的附加值。

A村的案例给乡村振兴的启示是：规范化经营可以让职业农民有发挥的空间，能提高村民的收入，减少生产环节的成本，降低个体经营的风险。这种规范化的经营模式，实质上是实现了更大范围的资源共享。

下篇

乡村振兴产业化实操

第 6 章　农业服务：农民成为“甩手掌柜”

农业服务，是指为农业生产活动提供各种相关服务的行业，例如，农业保险、金融、信息咨询、农机技术等方面。农业服务能够为农民提供指导与支持，进一步减轻农民负担，使农民能够更加安心、放心地进行农业生产。

6.1　农业服务为什么会兴起

当代社会，农业发展的高质量与高效率缺一不可。在土地高速流转、劳动力成本提升、技术发展、高素质人才不断涌入农村的背景下，农业服务的兴起，正逐渐成为推动农业高质、高效发展的重要动力。

6.1.1　土地流转速度加快，经销商急于转型

农村土地流转指的是农民在不变更承包经营权的前提下，把土地经营权移交给其他经营单位。而近年来土地流转的速度明显加快，造成这种情况的原因如下。

1.大量劳动力进城落户，留守农民劳动能力弱

由于传统农业生产经营活动利润低、收获慢、大量消耗体力，农村发展落后，医疗、教育资源匮乏等原因，乡村地区的许多青壮年劳动力纷纷向城镇地

区流动。而且由于乡村的发展状况与城市相距甚远，这些青壮年劳动力挣到钱后，往往选择在城市落户，不会返回乡村。

而乡村地区的留守农民可以分为两类：一类是60 ~ 70岁的老年人，他们往往长期驻守在当地；另一类是50 ~ 60岁的壮年人，他们属于“候鸟式”留守，即农闲时进城务工，农忙时回家种地。

前者由于年龄原因，丧失了大部分劳动能力，无法外出务工。因此只能常驻在家，在农忙时节帮忙收获，在农闲时节在家中养老。而其子女往往在城镇地区就业或安家，极少回乡；后者随着年龄增长，也会慢慢丧失劳动能力。因此，其手中的土地只能被迫流转或转让。

2.土地流转由卖方市场变为买方市场

在早先时候，农民自身对土地需求量大，自家土地一般都是由自家耕种，很少会选择出租或转让。彼时乡村地区若有人有意愿建立合作社或想承包土地的，需要付出高昂的租金，能租赁到的土地数量也有限。故而那时的土地流转是卖方市场。

而近年来，随着人口外流，务农人数减少，乡村地区存在着大量闲置土地。因此土地流转变为买方市场。有心者可以用相对低的价格租到大量土地。

3.政策推动土地流转

为了使乡村地区的闲置土地得到利用，政府出台了相关政策，发放各种补贴鼓励种田人承包土地，比如，颁发土地承包权、土地使用权证书等。在这些条件的影响下，土地的承包权和使用权能够进入市场。农民可以选择有偿转让或者直接过户，此种措施既保障了土地承包制度，又促使了土地流转速度加快。

而土地流转的加速促使农用物资的销量减少，因此一部分农资经销商为了增强竞争力，从农资经销商转型为农业服务商。

6.1.2　劳动力缺口大且成本高

农业劳动者指的是参与农业生产经营活动的人，包括但不限于涉及任何种植业、牲畜饲养业、园林业、水产产业等。

前文阐述了农村劳动力大量流失的原因。目前，乡村地区的剩余劳动力多为女性与老年群体。这些剩余劳动力普遍受教育水平低，且不具备太强的劳动能力。

农业工作对体力要求高、劳作时间长且利润低，因此越来越多的农村家庭的劳动力开始外流。农业劳动力人数减少目前已经是全球性的问题。

下面，来具体看一下劳动力成本上升的原因。

（1）劳动力供小于求。我国是农业大国，但当前社会的主流观念是农业社会地位相对较低，从事农业无法满足年轻劳动力对于个人和职业发展的需求，农村人口向城市流动导致农村劳动力越来越少。虽然智慧农业的发展弥补了部分劳动力减少带来的影响，但部分农事作业是无法由机器取代人工的，比如收获、播种等。这种供小于求的情况使得最终的劳动力成本上涨。

同时，非农业的收入普遍高于农业，其收入的上涨也促使农业劳动力的价格升高。因为若非农业劳动力与农业劳动力的收入相差过大，会导致更多劳动力选择从事非农业劳动工作，如此一来，潜在劳动供应量又会减少。在这些原因的作用下，劳动力的成本日趋升高。

（2）人口结构改变。我国人口基数大，劳动力数量多，基于此种人口红利，我国发展十分迅速。但受生活成本增加、生育压力增大等因素影响，我国的人口出生率呈现下降趋势；同时，由于医疗体系逐渐完善，人均寿命越来越长，劳动力的占比在这一过程中越来越低，我国人口结构也随之发生改变。因此劳动力成本上升。

而劳动力人数下降、成本激增的情况使得越来越多的农业生产者对劳动力的需求提高，他们渴望以更少的劳动力获得更高的生产效率，因此促使新型农业设备租赁服务业和农业技术指导服务业等行业兴起。

6.1.3 技术发展，农民提出新发展思路

移动互联网信息技术的快速普及，使得以移动终端为载体的数字内容迅速发展。这意味着人们可以轻松享受互联网技术带来的种种便利。互联网的发展与各种技术手段的成熟为农业带来了新的突破，更为农民开拓了新的发展思路。

互联网使农业实现了4个方面的智能化提升：一是种植、养殖技术智能化；二是种植、养殖过程智能化；三是农业生产管理智能化；四是劳动力管理智能化。此外，互联网与AI技术的结合使农产品销售变得智能与便捷——AI技术能够智能地为农民推荐销售渠道，而互联网为农民提供远程实时沟通渠道，这使得农业形成从产到销的全产业链，农业发展更加迅速。

在这个过程中，大量的农村劳动力从繁重的传统农事生产中解放出来，他们有更多精力去拓宽收入渠道。此外，直播、短视频等新媒体平台接触门槛低、观众流量大，许多农民借助这些平台去宣传农产品与农村文化并从中获得收益，互联网让农业生产更智能，让农业管理更便捷，使智慧农业实现全方位的升级，因此促使大量农业服务平台出现。

6.1.4 高素质人才流向乡村，推动农业发展

受传统发展模式的影响，大量农村人口因为教育、医疗等资源迁往城镇，农村地区高素质人才流失严重。农业生产者的年龄、文化、性别结构不协调且对互联网信息技术缺乏了解，现代化农业生产意识淡薄。

但近年来，由于以下这些原因，一些高素质人才涌入乡村。

（1）城镇地区生活成本过高。房价上涨过快，物价过高，严重影响了人们的生活质量。而随着乡村地区基础设施的完善和整体的发展，人们发现乡村生活压力更小、环境更好，整体宜居性更高，因此又向乡村地区流动。

（2）政策的支持。近年来，国家重点解决“三农”问题，加大对乡村地

区发展的支持力度和补贴力度。2021年中央一号文件提出：“吸引城市各方面人才到农村创业创新，参与乡村振兴和现代农业建设。”

（3）情怀因素。许多在外打拼的人才对于故乡有着怀念和眷恋的心理，其愿意在功成名就后带着资源回到家乡，助力乡村的发展。

新型的智慧农业对于科学生产知识、互联网应用技术、数据化分析技术和农机设备智能化操作等提出了很高的要求，所以其需要的是既掌握农业知识又懂得信息技术的高素质人才，而这些人才能够满足这一要求。

这些人才回到乡村后，往往不直接从事农业生产活动，而是作为复合型农业生产管理人才，为农业生产提供各种各样的服务，比如，技术指导服务、农产品销售服务等。

6.2　常见农业服务模式大盘点

农业服务模式种类多样，能够为农民提供多方面、全方位的帮助与指导。本节将从常见的6种农业服务模式入手，结合具体案例，进一步加深读者对农业服务的了解。

6.2.1　新型农业技术指导服务

新型农业技术指导服务指的是为农民提供新型农业技术方面的指导与服务。大部分乡村地区的农民的种植手段和种植技术相对落后，外加乡村地区人才有限，信息相对闭塞，农民遇到生产种植问题很难得到有效帮助。

新型农技服务公司能够有效解决农民“找不到人”和“不知道找谁”的难题。农民可以通过致电、到访等方式，向农技服务公司求助。而公司只要做到迅速、高效、专业，就能为农民提供帮助，成功创业。下面结合具体案例来看一下。

林先生一家世代经营水产养殖业。传统的水产养殖业主要以家庭生产经营模式为主，其效率低、养殖风险大。2020年年初，林先生从外地高价引进一批鱼苗，但因为养殖方法不当，鱼苗损失过半。林先生难过之下向当地的养殖服务公司进行咨询，公司迅速派人来实地考察。经推断，这批鱼苗的死因是养殖密度过大。

公司根据水产养殖的三大核心因素，即底质、水质、鱼质，迅速为林先生制订了这批鱼苗的养殖方案。在公司的指导下，林先生的养殖工作顺利开展。

6.2.2 农产品流通服务

农产品流通是指农产品通过交易的方式，从生产领域进入消费领域的过程。农产品经纪人就是为了激发城乡经济的活力而出现的新兴职业。他们穿梭于城乡之间，一边关注农民的农业生产，一边负责传递农业市场的真实需求。

在农产品经纪人背后，还有很多实力强大的农产品流通企业，这些企业作为连接农民和消费者的桥梁，具有促进生产和消费的功能。现在能实现农产品高效、稳定流通并保障农产品质量的农产品流通企业十分受欢迎，这些企业对推动农业发展、城乡经济发展、现代社会发展有非常重要的作用。

在产销信息不对称、产销市场衔接不通畅的情况下，加速农产品流通，确保农民有稳定收益刻不容缓。在这个过程中，农产品经纪人和农产品流通企业的作用不言而喻。

6.2.3 农机跨区作业服务

很多农民都对投资农机抱有非常高的热情，农机跨区作业服务更是推动了农机资源在各地区的有效利用。该服务模式让农机的利用率进一步提高，农机手的收益比之前更丰厚，农民对农机的需求也得到充分满足，解决了“有机户有机没活干、无机户有活没机干”的问题。

农机跨区作业是农业生产机械化和农业服务社会化的成功实践，我国借此探索出了一条以“农民自主、政府扶持；市场引导、社会服务；共同利用、提高效益”为核心的特色农业发展道路，走出了一条农业现代化的新道路。

随着农民对农机的需求越来越迫切，农机跨区作业服务的重要性越来越凸显，这也对相关企业提出了更高的要求。现在农机合作社等组织已经成为推动农业生产机械化和农业服务社会化的有生力量，指引农机跨区作业服务进入一个全新的发展阶段。

6.2.4　农业信息咨询服务

现代农业信息服务的核心是为经营主体提供实用、有效的农业信息。例如，农民可以通过提供该服务的企业获得农业政策、农业技术、新品种推介、动植物疫病防控、农业气象、抗灾避灾、典型农户推介、农村土地流转、农村剩余劳动力就业、市场供求情况、农产品价格等方面的农业信息，并根据这些信息制订农业生产计划。

在现代农业信息服务方面，吾谷网是非常有代表性的案例。吾谷网是一个整合了政府、涉农产业、涉农企业的现代农业信息服务平台，主要为涉农人群提供政策要闻解读、市场信息资讯、品牌农业传播、专业人才供求、创富项目推介、农业技术推广等服务。

现代农业信息服务可以汇集国内外与农业相关的信息和研究成果，助力农业品牌建设，满足特色农产品的传播和宣传需求，推动现代农业长远发展。

6.2.5　农业保险服务

农业保险服务指的是为农业生产经营活动提供保险服务。农业的生产经营活动受天气、自然灾害等因素的影响，风险相对较高，同时农业生产活动投入周期长，回报慢，一旦农作物受损，农民就会遭受巨大的损失。

而农业保险能帮助农民分散农业生产风险，避免其因灾致贫。这也是农村的保险市场需求巨大的原因。

王某是某高原地区村落的村民，其从事小麦种植工作。当地易旱，土壤肥力低，天气因素稍微不稳定，农作物受影响就很大。王某务农多年以来始终提心吊胆，担忧农作物减产，收入来源骤减。这也是当地人们共同的忧虑之处。

后来该村相关保险服务一经推出，便广受当地村民欢迎。村民终于可以走出“没收成就没饭吃”的困境。

目前在我国，诸如水稻、果蔬、家禽等方面的农业保险服务，其覆盖率和承保率均有较大幅度的提升。

6.2.6 农资连锁经营

农资连锁经营业服务是一种由总公司配送各种品牌的农药、化肥、种子等农业生产资料，再由农资超市分散经营，最终由总公司统一管理的服务模式。该服务模式有一定的优势，主要表现在以下几个方面。

（1）连锁经营可以使农资销售标准化、规模化，更有效地降低农资成本。

（2）农资连锁经营业服务可以通过统一采购防范假冒伪劣农产品进入流通领域，充分保障消费者的权益，避免发生假冒伪劣农产品坑农、害农的事件。

（3）农资连锁经营业服务有利于农业知识传播。农资连锁企业可以和农业部门合作，利用连锁销售网络邀请技术专家指导农民播种、施肥，及时解答农民的疑难问题，使农业更好地与技术融合，加快农业知识在农村的传播速度。

（4）农资连锁经营业服务可以很好地解决农村剩余劳动力的就业问题。农资连锁企业可以吸纳一定数量的农村剩余劳动力，降低他们的就业压力。

（5）农资连锁经营业服务有利于维护农产品流通渠道的战略安全，使农资连锁产业链具有更强大的承载能力，打造有吸引力的农资连锁品牌。

为了推动农资连锁经营业服务的发展，我国规划了一批农资连锁重点企业，包括中牧实业股份有限公司、吉林吉农高新技术发展股份有限公司、吉林中农资联合贸易有限责任公司吉林省分公司、黑龙江北大荒农垦集团农业生产资料有限公司、江苏省农垦商业物资集团公司、江西省乐富农资连锁有限公司、陕西秦丰农业营销网络有限公司等。在这些企业的助力下，农资连锁经营业服务会为我国的智慧农业作出更大贡献。

6.2.7 中化集团的MAP模式究竟好在哪里

农民会选择某种农业服务模式，是因为它能够解决问题。而农业生产经营过程中存在的问题，以缺乏技术支持、产品利润低、种植风险大等为主。农业生产经营是一个综合性的过程，中化集团的现代农业技术服务平台（Modern Agriculture Platform，MAP）模式能在这个过程中为其提供多方面的保障。下面结合具体案例来看一下。

某镇的土地流转比例逐年增高，但租赁土地的生产者由于缺乏先进的种植技术，不断亏钱。此后当地村民开展了与中化集团的合作。中化MAP模式能从以下几个角度为村民提供帮助，如图6-1所示。

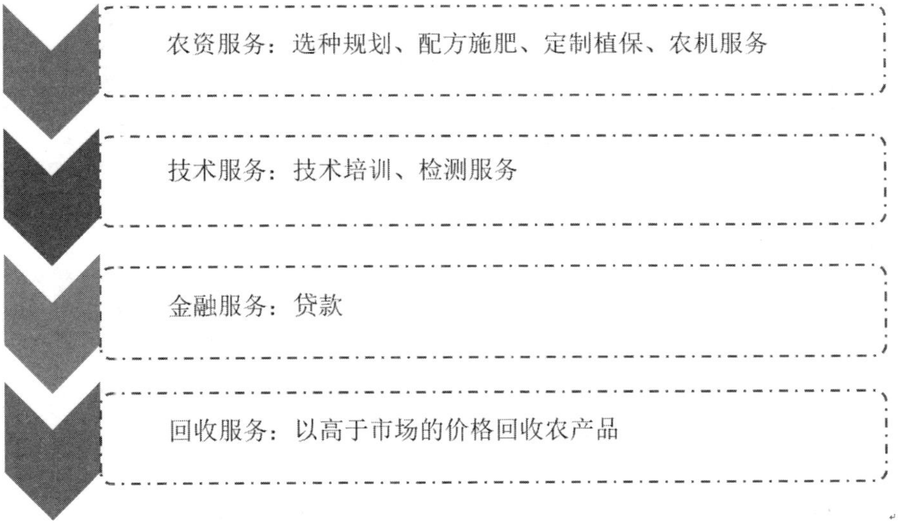

图6-1 中化MAP模式提供的服务

中化MAP模式为当地村民提供了优质农资，全程提供技术服务；其技术人员可以实地指导、实操经验丰富。在这种模式下，农民不仅能够提高农作物的产量，还可以免去农产品滞销的后顾之忧。这种能够解决农业生产“痛点”的模式，是真正能够落地的好模式。

第7章　农产品深加工：引爆农业盈利点

从产业链来看，越靠近产业链后端的环节附加值越高，产品加工水平越高，能够获得的利润也就越高。与未经加工的农产品相比，经过深加工的农产品往往能够获得翻倍的利润。农业作为国民经济中的一项重要产业，农产品深加工的不断深入发展，将会对国民经济增长起到极大作用。

7.1　低端农产品进入销售瓶颈期

随着人们物质生活水平的不断提高，人们的消费需求也逐渐向优质化、个性化转变，低端农产品显然已经不再适应人们当前的高端消费需求，开始进入销售瓶颈期。除消费端发生的变化之外，农产品供应端也存在许多问题，例如，大量农产品同质化、品牌效应不足、运输环节不够完善等。这些问题严重影响着农产品的销售，亟待解决。

7.1.1　大量同质化农产品出现，供需不平衡

单一农产品销量差的原因在于，当下的市场存在着农产品严重同质化的问题，这种同质化来自生产方面。

生产方面存在着产量大、供大于求的问题。国家统计局发布的《中华人民

共和国2020年国民经济和社会发展统计公报》显示，2020年我国粮食总产量约66949万吨，猪牛羊禽肉产量为7639万吨。但通常情况下，人均粮食需求量仅约为300千克/年，供求明显失衡。而且不仅是粮食、肉类，据分析，目前所有农产品市场几乎都存在供大于求的问题。

这种过剩问题在蔬菜、水果、牛奶这类的农产品上表现得尤为突出。这是因为果蔬业和养殖业相比种植业收入高，劳动强度低，是更为快捷的致富途径。加之许多地区号召产业扶贫，政府投资大量资金去兴建果园、蔬菜大棚等基地，也吸引了商业资本跟风投资。几方合力虽能使产量增加，但价格却并未上涨。

此外，还存在着因为行情不好农产品价格持续低迷，无法销售，最终只能烂掉或倒掉的情况。

实际上，农产品获得成功的关键因素在于，其必须拥有自己独特的价值，即能提供其他农产品不能提供的价值，包括物质价值和精神价值。农产品经营者要让消费者形成固定的认知，让其有类似的价值需求时，能立即联想到自己的农产品。只有这样，农产品才能在同质化市场中有立足之地。

7.1.2 尚未形成品牌，只能降低定价

优质不优价是农产品销售过程中的突出问题。许多农产品虽然品质极佳，但是由于缺乏好的品牌，在其大量应季集中上市后，很容易陷入同质化陷阱，难以卖出好价钱。这种优质却无法优价的情况，在生鲜领域，比如，蔬菜、水果这类难以储存的农产品更为明显。

品牌到底对农产品的意义有多大呢？以河北省的富岗苹果为例，该品种的苹果酸甜适口、富含大量营养价值，现如今为高端苹果，售价昂贵。但富岗苹果也有一段低价历史。

富岗苹果提价的机缘来自富岗村的村支书杨双牛。为了拓宽富岗苹果的销路，杨双牛来到北京，意外发现来自海外的富士苹果“世纪1号”与富岗苹果

外形非常相似。在经过购买并品尝后，杨双牛发现，二者不论是外观还是味道，几乎一模一样。但这个“世纪1号”苹果，仅一个便要100元，是富岗苹果的100倍。

上述案例便展示了品牌的力量。质量同样出色的苹果，当其被打造成了高端品牌，便能既优质，又优价。那么，农产品经营者该如何打造农产品的品牌呢？下面两点建议可供参考。

1.品牌命名

部分农产品经营者认为农产品品牌的名称不重要，只要农产品质量好，自然不愁消费者上门。实际上并非如此。农产品品牌名是最简单的农产品广告语，消费者会根据品牌名称对农产品形成第一印象。

比如，一种大米开始命名为“好大米”，这就是一种模糊的、没有吸引力的品牌名。怎么好、好在哪，这些信息都没有展示给消费者，无法打动消费者，消费者自然不会选择购买。后来该大米追溯此米历史，发现其曾被当作进贡物品，遂改名为“贡米”。这个名字直接明确了其高端定位，体现出自己与竞争对手的不同。并且由于是曾经的进贡物品，其价格也随之上涨。这就是品牌命名的重要性。

2.品牌调研

品牌调研是农产品经营者在发展品牌时不可忽视的步骤。它共有五个环节。

（1）确定目的。在展开品牌调研之前，农产品经营者首先要明确品牌调研的目的，包括增加农产品销量、了解竞品等。

（2）收集资料。在互联网时代，农产品经营者要学会尊重数据、解读行业报告，充分发挥数据对品牌调研的作用。搜索平台可以使用百度、谷歌、微博、知乎等搜索平台。

（3）受众分析。明确产品的受众人群是销售农产品的前提。

（4）品牌策略分析。农产品的品牌传播也要有一定策略，一般按照“创造需求”“创造体验”“培养情感”这几个维度来进行。

（5）策划数据分析。农产品的品牌调研要建立在科学的基础上。无论是调研期间的监测还是调研后的复盘，数据都很重要，因为它能客观反映一些信息，所以农产品经营者在进行品牌调研时一定要注重数据的作用。

7.1.3 运输环节亟待完善，农产品损耗大

现在很多农产品含水量高、保鲜期短，非常容易变质，从而对运输半径和交易时间提出了比较高的要求。因此，要想让农产品保鲜，更受消费者的青睐，企业就必须不断升级物流技术，进一步提升运输效率，加速农产品流通。

相关数据显示，在我国，农产品在采摘、运输、储存等物流环节上的损耗率在30%左右，而一些发达国家的损耗率则控制在5%以下。这样的数据对比更坚定了我国要改善物流现状，避免农产品出现更大损耗的决心。

由于农产品的特点及其对物流的高要求，企业必须借助人工智能、物联网、5G、无人驾驶等技术对农产品的整个流通过程进行全方位监测与跟踪，以便降低农产品损耗，确保物流体系的高精益性和高敏捷性。此外，企业还要不断升级冷藏设备，优化运输路线，通过先进的保鲜技术，以最短的时间将农产品送到消费者手中。

7.2 新时代的品牌化经营战略

为了进一步推动农产品的销售，农产品从业者应当大力推行品牌化经营战略。从精品战略、差异化战略、文化价值战略3个方面入手，打造独具特色的农产品品牌，形成品牌效应，如此才能在竞争激烈的市场中获取发展的先机。

7.2.1 精品战略：保证农产品足够有吸引力

若要在同质化的农产品市场中立足，农产品经营者可以尝试将农产品精品化。

精品化的第一步是确保农产品足够优质。在实际生活中，消费者常愿意为高档农产品品牌付出高价。究其原因，是消费者认可高档农产品品牌的产品品质。高档农产品往往具有安全、美味、优质的特点。这也是打造高档农产品品牌的前提。

精品化的第二步是将农产品进行品类细分，即将产品所在的大品类细分成许多小品类，然后根据其中一个小品类研发精研产品，从而与其他产品拉开差距。例如，鸡蛋的营养价值是提供蛋白质，市面上所有的鸡蛋都拥有这个功能。为了形成区分，各商家开始赋予其鸡蛋不同的定位，比如，无菌鸡蛋、粗粮鸡蛋、柴鸡蛋等。

之所以要进行品类细分，是因为每个消费者的具体需求都是不同的。例如，两个人都要喝牛奶，但A是女孩子，担心牛奶的脂肪会让她发胖，此时脱脂奶就是其最佳选择；B爱好健身，希望通过喝牛奶补充蛋白质，因此高蛋白牛奶就是其最佳选择。每种细分的品类都能够打动一部分消费者，让其在众多产品中优先选择经过细分的、符合其需求的产品。

精品化的第三步是设计包装。有时候相同的产品，仅换一个包装就能让其在同类产品中脱颖而出。很多农产品在销售时直接采用塑料袋，随手一装便草草出售，给人一种随意的感觉。而精包装的农产品能给予消费者一种“仪式感”，如图7–1所示。

精品化的第四步是寻找合适的销售渠道。不同价位的商品对应不同档次的销售地点，精包装的贵重产品出现在路边小摊，消费者也是难以给予认可的。因此，农产品经营者必须根据农产品品牌档次去联系合适的销售地点。

只有严格把控每一个精品化的环节，才能在同质化的市场中打造出一个精品化的农产品品牌，为农产品销售事业带来生机，为乡村带来收益。

图7-1　精包装的蜂蜜

7.2.2　差异化战略：赋予农产品独特的卖点

特仑苏诞生的时候，国内牛奶市场的竞争正处于激烈阶段。各种脱脂奶、高钙奶几乎占据了市场的大部分份额，营销手段也是花样百出。为什么特仑苏能在如此激烈的市场竞争中分得一杯羹呢？原因是其宣传语带给了消费者一个与众不同的牛奶消费场景。

特仑苏的宣传语是："不是所有牛奶都叫特仑苏。"其最独特的地方在于，它的专属牧场坐落于"黄金奶源"纬度带上。北纬40° 地带由于常年温暖、气候舒适，被公认为"黄金奶源"纬度带，该区域长有世界上最优质的牧草。牧草的品质又决定了奶牛的牛奶质量。特仑苏将这一得天独厚的优势放大，作为自己的宣传素材，成功地打入高端牛奶市场。

这种放大地区优势、塑造产品特色的做法就是所谓的品牌"卖点"。一个卖点必须具备3个突出特征。

（1）卖点不是自己强调的，而是通过强调农产品的效用让消费者自己意识到的。特仑苏通过向消费者强调"不是所有牛奶都叫特仑苏"这个信息，让消费者意识到了“优质”“高端”是特仑苏的卖点。

（2）卖点必须是竞争对手还没有提出或者根本无法提出的。“黄金奶源”纬度带这一卖点，在当时的牛奶市场是由特仑苏首先提出来的，并且通过简洁、深刻的广告语将这一概念打入人心，让其他品牌很难模仿。

（3）卖点必须具有强大的销售力，能促使消费者快速采取行动。“不是所有牛奶都叫特仑苏”强化了消费者对产品的认知，即让他们形成高端牛奶就是特仑苏的印象，从而促使年轻人在挑选高端奶制品时主动选择特仑苏。

除此之外，还有宁夏的“塞外香富硒香米”。宁夏地区有着独特的富硒土壤，该土壤的硒含量超出国家标准富硒稻谷界定标准数倍。因此，该农产品放大了其地区优势，以此作为产品卖点，成功打造了一款畅销农产品。

如果农产品经营者感觉自己的产品销量不佳同时又很难改进，可以思考是否能利用地区优势打造产品品牌卖点，提升农产品的销量并帮助农产品在市场竞争中脱颖而出。

7.2.3　文化价值战略：农产品与文化融合

面对农产品的同质化，农产品经营者可以通过赋予农产品文化价值，提升农产品的认知度，以此获得消费者的认可。提高农产品认知度的关键是保证农产品与相关服务具有正面、积极的价值，并且农产品经营者利用一定方法向用户强化这种价值。

下面结合鱼峰区的案例来具体看一下。

我国拥有悠久的历史文化，其中很多内容都与农业方面联系密切。比如，二十四节气，如图7–2所示。

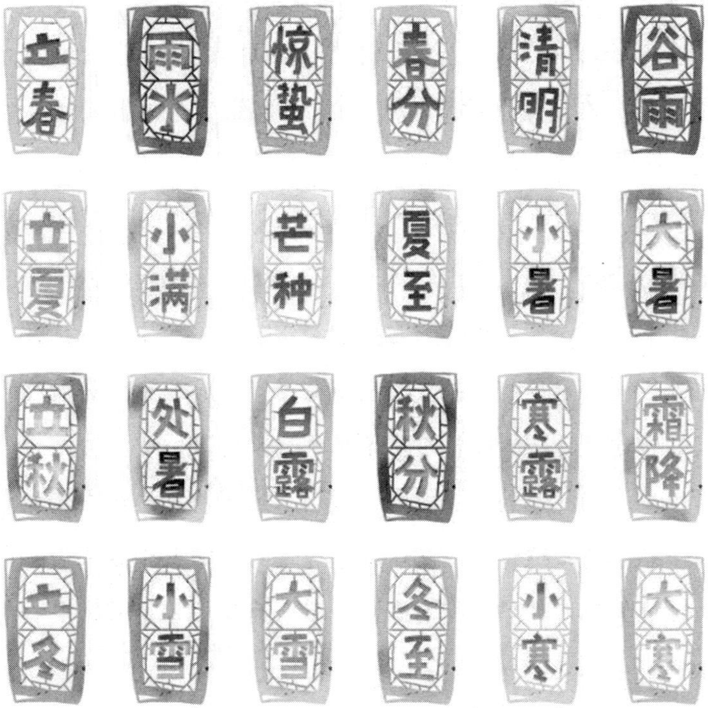

图7-2　我国传统二十四节气

每一个传统节气都有其独特的内涵，柳州市鱼峰区便将农产品售卖与这一传统文化结合起来，既推动了文旅复苏，又带动了农产品的销售。

鱼峰区包含里雍镇与白沙镇。两镇坐落于柳江的东部，沿河两岸土壤肥沃，盛产豆角、竹笋和木耳等农产品。为振兴乡村，该区推出了“中国传统二十四节气美食系列文化活动”，将乡村振兴与中国传统节气文化相结合。

每年6月的第二个星期六是文化和自然遗产日。在这一天，该区举行了“2020年传统节气美食文化之寻味芒种活动”。游客可在美景中品尝当地的头菜、豆角酸、糯玉米等特色小吃，参加包粽子比赛，还可以观看石灰糕、里雍头菜、五色饭等12项列入该区非物质文化遗产名录的传统制作技艺。

鱼峰区将美食与美景结合，把本土特产融入传统文化，一举吸引了上万游客入园参加活动。此举拓宽了农产品的销售渠道，提高了旅游商品和农产品的销量，成功提高了当地人民的收入。

将农产品与传统文化相结合，能赋予农产品文化价值，而文化价值能够唤起消费者的情感共鸣，进一步提高消费者对农产品的认知度。

鱼峰区将乡村振兴与中国传统节气文化相结合，消费者在购买产品时便会不自觉地存在情感倾向性，发自内心觉得其参与了传承传统文化的过程。因而，在农产品相同的情况下，鱼峰区出品的能让消费者更有共鸣，自然会成为消费者的最优选择。

7.2.4　“三只松鼠”是如何成为火爆品牌的

滞销问题和利润问题无疑是农业的两大“痛点”。虽然致使农产品滞销、利润低的主要原因在于供求关系和市场环境等，但除了寻找外界原因，农业行业和农业生产者还可以从农产品本身寻找突破点。下面结合具体的案例来看一下。

“三只松鼠”零食品牌旗下有一款名为“枣夹核桃”的产品，一经上市就迅速爆红。许多商家对此都羡慕又不解，核桃和红枣都是再普通不过的农产品，为何一经组合，就能如此火爆？下面来具体看一下这款小食品火爆的原因。

1.拥有准确的细分市场以及定位

品类细分定位指的是将品牌所在的大品类细分成许多小品类，然后根据其中一个小品类研发产品，形成与其他产品的差别。在激烈的市场竞争下，细分市场的程度在某种意义上决定品牌运营的成功与否。

而“三只松鼠”就拥有准确的细分市场和定位，“枣夹核桃”，顾名思义，就是将红枣和核桃组合在一起售卖；其定位的人群是全年龄段的受众，因为核桃与红枣这两款农产品对任何年龄段的人来说都是有益的。由于细分市场和定位准确，该产品一经推出就备受大众喜爱。

2.满足不同消费者的个性需求

“枣夹核桃”产品火爆的另一个原因，是因为它能够满足不同消费者的特定需求。

消费者购买某款产品的重要原因之一，就是此产品能够满足特定的需求。例如，富有的消费者通过购买溢价严重的奢侈品，向他人展示自己富有的形象；生病的消费者通过购买保健品，增强自己的体质等。

而红枣有滋补养颜的功效，满足了女性用户在美容方面的需求；核桃具有补脑、益脑的功效，满足了青少年、上班族群体在保健方面的需求；等等。所以这款产品才能够在各种消费者群体中爆红。

3.方便简约是产品畅销的关键

大道至简的道理同样适用于农产品。携带是否方便、食用是否方便等也是决定一款产品能否畅销的关键因素。

而“三只松鼠”“枣夹核桃”满足简约的要求，它解决了核桃和大枣滞销的部分“痛点”。在一般情况下，消费者购买了核桃后，需要经过困难的去皮过程，且难以剥出完整的核桃仁；而购买了红枣后，需要清洗、去核才能食用。这种过程降低了消费者的消费体验，也是消费者不愿意购买的原因。

“枣夹核桃”帮助消费者解决了红枣与核桃食用麻烦的问题，改善了其消费体验，因此可以火爆。

4.将农产品升级为时尚零食

农产品的消费场景长期与一日三餐挂钩。这使其附加值非常低。

而“三只松鼠”“枣夹核桃”产品深度挖掘农产品的娱乐、休闲消费场景，丰富了核桃与红枣两款农产品的内涵，将其变为时尚零食，用品牌提高了其附加值。

此外，“枣夹核桃”在没有破坏产品基础的前提下对产品本身进行了提升。

这种升级方式节约了加工成本，且天然农产品本身对消费者就有吸引力，因此能够火爆。

总结一下就是，“三只松鼠”“枣夹核桃”火爆的最根本原因是其以消费者为中心，解决了消费者“痛点”。因为“痛点”代表着有待解决的问题，而问题背后就是发展机会。这种火爆的思路值得各乡村与诸农产品经营者借鉴。

7.3　跨界合作，玩出“新花样”

新时代的消费者推崇个性，一成不变、毫无特色的传统农产品很难得到他们的青睐。从业者需要不断创新、与时俱进，紧跟时代潮流，才能使自身产品得到更多消费者的欢迎。跨界合作，就是传统农产品重要的创新举措之一。通过跨界合作，不仅能够让人耳目一新，吸引更多消费者的关注，还能够提高产品的附加值，使自身获取更多利益。

7.3.1　跨界合作要注意什么

成功打造品牌并不是营销的终点，乡村需要持续强化品牌，提升品牌形象，让品牌可以为乡村带来更多的价值。而跨界发展无疑是一种强化品牌的好手段。

下面结合乡村A的案例来看一下具体做法。乡村A曾经是典型的贫困村，村集体负债累累。后在当地政府的带领下，由种粮改种了玫瑰花，村民们依靠卖玫瑰花改善了当地经济状况，将此玫瑰花打造成了当地特色品牌。

但是，卖玫瑰花的收入始终有限，为了实施乡村振兴，当地又沿着以下思路，走上了农产品跨界创收的道路。

1.调研

调研工作的好坏是农产品品牌能否顺利发展的前提。农产品经营者需要对乡村现状和市场现状进行分析，根据调研结果规划农产品品牌的发展路径。该村对玫瑰花市场进行调研，分析了玫瑰花的市场价值，根据调研数据确定了玫瑰花待开发的用途，为打造“三产融合”项目奠定了良好基础。

2.深度挖掘农产品的潜力

乡村在挖掘农产品潜力时，要从农产品自身入手。对农产品自身的挖掘是要通过深度的分析农产品找到其优势。该乡村种植的玫瑰花是食用级别的品种。以往该乡村只将其作为原料出售，利润很低。该乡村从这个角度入手，与第三产业融合，打造了可观赏、可采摘的玫瑰园，提高了玫瑰的附加价值。

此外，该乡村还不断延伸玫瑰深加工项目，游客可以观赏玫瑰果酱、玫瑰纯露等商品的制作过程，同时可以在观赏结束后直接购买。通过深挖农产品潜力，该乡村成功打造了一个集种植、加工、直销、旅游为一体的“三产融合”项目，为当地带来了巨大的收益。

3.创新

因为市场上的竞争是一直存在的，农产品经营者要想在越来越激烈的市场竞争中始终立足，就要依靠创新的力量，用创新打造出农产品品牌的市场优势。

该乡村为了加快“三产融合”项目的发展，以农耕文化为特色建设了民宿。在民宿北侧，该乡村种植了鸢尾、乔木等植物，打造了独特的“春花、夏林、秋果、冬叶”四季景观，吸引了大批慕名而来的游客。

此番操作使该村玫瑰花的品牌价值得到迅速提升。其丰富了主品牌内涵，给消费者带来了新鲜感，让消费者感知到品牌的创新精神。品牌与农产品的多元化也为消费者提供了更多选择，满足了消费者的多样化需求。

乡村在进行跨界创收时，可以借鉴上述案例中乡村A的做法，挖掘农产品的价值并对其进行深加工，用单一农产品去创造多元价值。

7.3.2 “大樱桃＋美妆品牌”火爆网络

如今，跨界营销已经成为一个大趋势，在这种大趋势下，各行各业都不再像以前那样只知道闭门造车，而是希望通过与合伙人达成合作来抓住分流的消费者。那么，什么样的合伙人适合进行合作呢？最关键的就是双方要有契合点和互补点。

下面用红唇之吻牌樱桃和彩妆品牌玛丽黛佳的案例来具体看一下。

红唇之吻牌樱桃和彩妆品牌玛丽黛佳携手，共同开启了一次主题为“红唇之吻，小心亲咬”的跨界营销。此次跨界营销让红唇之吻牌樱桃和彩妆品牌玛丽黛佳在激烈的市场竞争中实现了共赢。

从农产品自身来看，红唇之吻牌樱桃色泽鲜红，味道香甜，能够使人联想到女人的红唇，进而联想到口红。二者在目标受众上也有很高的契合度，都将年轻人视为主要客户群体，符合前面提到的“有契合点”这一关键之处。

从销售渠道来看，红唇之吻牌樱桃的主要销售渠道是线下，而玛丽黛佳则长期致力于线上销售，线上渠道比较强大。二者达成跨界合作，就是实现了线上与线下渠道的融合，不仅可以提升消费者的消费体验，还可以起到互补共赢的作用。有了前述基础，此次跨界营销成功引发了一波购买狂潮。

这个案例给农产品经营者的启示有以下三点。

（1）农产品品牌在跨界之前，应该从“色、香、味、形、触”五个层面出发，深度探究自身的出彩之处，赋予水果性格特征，令消费者产生情感共鸣和价值认同感。

（2）农产品若想领先行业，无外乎有两种方式，一是抓住自身优势不断放大，拉开自己与竞争对手的差异；二是找到有契合点和互补点的合伙人，与其进行合作，实现跨界营销。

（3）跨界营销应充分满足消费者差异化、细分化的需求。

第8章　农业电商：农产品出村进城的桥梁

农业电商，是“互联网+”背景下，农业与电商行业高度融合的产物。当前，网购已经成为人们消费的重要渠道，人们越来越乐于通过网络购物来选择自己心仪的物品，因此，农产品“上网”，便成为农产品出村进城、从农田走向餐桌的重要方式。

8.1　分类认识农业电商

农业与电商有着天然的契合度，互联网能够打破地域的局限性，帮助农民将优质农产品销往全国各地。越来越多的农民开始积极地拥抱互联网、直播电商等一系列新兴事物，在此之前，为了更好地进行电商营销，相关从业者需要对农业电商的分类进行一定的了解。

农业电商的类别主要有：农产品电商、工业品电商、生活服务电商以及农资电商。本节将从4个方面入手，使读者对农业电商有更加清晰的认知。

8.1.1　农产品电商：经典的“金字塔”架构

农产品电商的核心是在开放的网络环境下，买卖双方在线上进行农产品交易，属于一种全新的商业模式。互联网在农民和消费者之间架起一座桥梁，这是农产品流通领域的重大变革，这个变革有利于把各地区的农产品推广到千家万户。

目前我国的农产品电商主要包括网上期货交易、网上期权交易、大宗农产品电子交易、农产品网络零售、农产品“新零售”、农产品网上交易会。这也是我们经常说的农产品电商“金字塔”（Pyramids）结构体系，如图8-1所示。

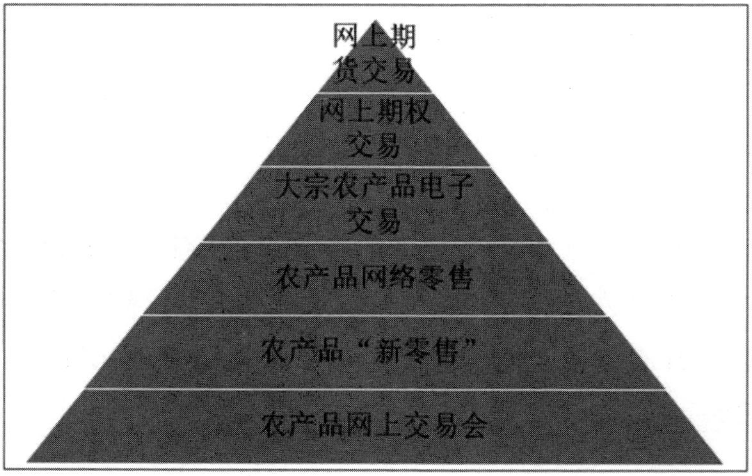

图8-1　农产品电商“金字塔”结构体系

农产品电商扩展了农产品销售渠道，通过互联网、人工智能、大数据等技术引导和组织农业生产，有利于提高我国的农业竞争力，让农民获得更多的收益，实现城乡均衡发展。

现在越来越多有朝气的青年人才加入农产品电商队伍，例如，1992年出生的王雄通过在网上销售人参果获得了上亿元销售额；“90后”谭宇翔仅用半年的时间便卖出90万单湘莲，总销售额上亿元。这些人才用自己的青春和智慧推动了乡村振兴，收获了令人欣喜的成果，为实现农业现代化付出了很多努力。

8.1.2　工业品电商：上行模式 + 下行模式

在农村发展电商主要有两种模式，一是通过电商平台将城市中的工业品销往农村，即工业品下行电商；二是让农产品和农副产品走出农村，即农产品上行电商。目前工业品下行电商发展得比较好，例如，兴业县电子商务产业园利用电商平台，通过自建或第三方物流搭建三级服务站点，让工业品下行取得了不错的成效，如图8-2所示。

图8-2　兴业县的三级服务站点

三级服务站点让工业品下行过程中的“最后一公里”问题得到有效解决，城市中的工业品可以顺利、高效地销往兴业县。三级服务站点得到了政府的认可和支持，甚至已经成为兴业县的一个公共品牌，推动了该县农业电商的稳定发展。

8.1.3 生活服务电商：为人们的生活提供方便

从微观角度看，生活服务电商主要是指基于互联网为人们的生活消费提供服务的电商，可以分为到店服务（到店餐饮、酒店、影院等）与到家服务（外卖、家政等）。从宏观角度看，生活服务电商还与旅游、出行、医疗、教育、婚恋、房产、招聘等生活服务行业的互联网化息息相关。同程艺龙、齐家网、猫眼娱乐是生活服务电商的“领军者”。

现在人们对生活质量的要求越来越高，虚拟产品的线上交易不断受到欢迎，消费领域也进一步拓宽。在这种情况下，生活服务电商的潜力逐渐显现出来，可以帮助生活服务经营者更近距离地接触消费者。此外，生活服务经营者也可以借助电商平台实现业务流程改造，为消费者提供更优质、贴心的生活服务，提升自己的盈利能力。

自生活服务电商发展以来，北京大力扶持该产业。例如，2020年3月，北京市商务局发布《关于申报2020年度生活性服务业发展项目的通知》，明确表示要给予符合要求的相关从业企业不同金额的补助金。北京借助政策推动生活服务电商稳定经营，提升自己的商业水平，加强生活必需品保障能力，满足人们个性化的生活服务需求。

8.1.4 农资电商：连接买卖双方

之前交通、物流没有那么发达，农业又根植于我国广大农村，导致农资流通渠道不通畅，但现在随着技术的不断发展，这种问题已经可以避免。互联网是一种更快捷、高效的信息传递技术，打破了时间与空间的限制，起到了连接人和人、物和物、人和物的作用。

当互联网与农资流通融合在一起时，全新的农资电商出现。农资电商可以消除农资流通过程中的多余环节，缩短交易链，降低交易成本，最终让买卖双方都能获得更多利益。

对于农资电商来说，取得买卖双方的信任非常重要。这个信任来源于什么？必然是高质量的产品和贴心的服务。此外，农资电商还要为买卖双方提供价值，始终秉承“造富于民，还富于民”的原则。这样才可以建立良好的口碑，形成传播效应，慢慢地变为一个受欢迎的品牌。总之，农资电商要以产品与服务为核心，了解了这一点就可以赢得农业市场。

8.2　如何从0到1做好农业电商

对于大部分农民来说，做好农业电商仍然存在一定的难度。因此，仅是了解农业电商的基础情况并不够，更为重要的是要掌握农业电商的运营技巧，这些技巧包括平台、日常运营、文案、包装、客服服务等诸多方面。

8.2.1　选择合适、回报高的好平台

选择好合适的线上平台是入行农村电商的第一步。通过网络，消费者足不出户便可以了解农产品的相关信息并进行购买。与线下销售农产品相比，通过电商渠道销售农产品的优势主要表现在以下5个方面。

1.节约成本

将销售农产品的工作内容搬到线上，再进行网络化的管理、推广和销售，能够节省人力销售的成本，也拓宽了农产品销售的渠道，提高了农产品销售的效率。

2.打破时间与空间的限制

通过电商渠道销售农产品能够打破交易的时间限制，网店可以做到24小时营业。对于不易保存的农产品来说，这无疑为其争取了更多销售机会；对于消费者来说，更容易吸引白天没有时间购买农产品的消费者，比如，下班很晚但是第二天早上需要新鲜蔬菜的人。

此外，通过电商渠道销售农产品也打破了交易的空间限制。实体售卖农产

品时，客源范围是有限的，而网店的交易空间却无限制。

3.更容易促使消费者冲动购买

相比实体店铺而言，网店的广告更具有冲击力。而且通过电商渠道销售农产品时，农产品经营者还可以利用一些策略，例如，显示倒计时或者显示产品剩余数量等，促使消费者购买农产品。

4.快速扩大业务规模

当网店的发展势头良好，农产品经营者想扩大业务规模时，其产品投入、广告投入的速度都要比实体店铺快得多。因为农产品经营者不必扩建或者另寻实体店铺，也不必再次进行装修，只需要在网店推出新的农产品，并加大宣传力度即可。

5.营销方式多样

互联网的发展使得电商的营销方式不断增加，短视频推广、微信推广、微博推广、自媒体推广等拓宽了消费者接收信息的渠道，也变革了消费者的消费模式。

讲完了通过电商渠道销售农产品，下面来介绍线上销售平台的种类。

首先来看综合类销售平台。这类平台的突出特点为客源多，覆盖种类全面。知名的综合类销售平台有淘宝、天猫与京东等。下面来看这3个综合类的销售平台的对比情况，如表8–1所示。

表8–1　综合类销售平台的对比情况

	淘宝	京东	天猫
优点	1.品牌实力强，流量大 2.入门门槛低 3.财力雄厚，技术与基础建设完善	1.自营商品有厂商返利 2.可以通过货款账期获利 3.供货商可议价	1.规模大 2.商品种类多 3.流量大 4.知名度高 5.有阿里巴巴各方面的支持

续表

	淘宝	京东	天猫
缺点	1.存在刷单类的负面评价 2.卖家数量众多，竞争激烈 3.推广成本和运营成本相对高 4.缺少透明的评价体系，售后服务得不到彻底保障	1.商品种类不够多 2.入驻商家数量少于天猫 3.毛利率较低 4.没有其他领域业务支持	1.准入门槛高 2.推广成本高 3.平台有扣点

其次来看直播类销售平台。直播是电商平台的重要引流手段。各行各业与其结合而成的“直播＋”模式，是一种重要的商业模式。比较热门的直播类销售平台有淘宝直播、抖音直播等。下面来看这两个直播类的销售平台的对比情况，如表8-2所示。

表8-2　直播类销售平台的对比情况

	淘宝直播	抖音直播
优点	1.购买转化率高 2.平台自身流量大，利润空间大 3.有其他平台支撑，相对配套建设完善	1.平台流量大，受众广 2.“网红”达人带货能力强 3.只需要支付广告费用
缺点	1.聘请主播成本高 2.付费引流费用多 3.有准入门槛	1.准入门槛高，暂开放达人邀请制 2.起步难 3.平台运营能力弱

最后来看社交类电商平台。社交类电商平台迎合当下的分享经济趋势。消费者通过发起“拼团”“帮砍”这类活动，能享有高额优惠，以低价买到好货。比较热门的社交类电商平台有拼多多、小红书等。下面来看这两个社交类的销售平台的对比情况，如表8-3所示。

表8-3　社交类销售平台的对比情况

	拼多多	小红书
优点	1.团购价格低 2.产品供应商靠谱 3.平台能够自动帮助消费者筛选产品 4.活动火爆，价格优势明显	1.主打通过用户分享商品体验，口碑好 2.无营销、流量和资源位等费用 3.入驻品牌与明星数量多，平台流量大
缺点	1.有负面新闻，影响口碑 2.开店需要2000元保证金 3.处罚规则严苛	1.准入门槛高，非企业不能入驻 2.对商品的质量审核较严

农产品经营者可以根据各平台的优、缺点，结合自身情况来选择合适的电商平台。这个选择过程是灵活的，农产品经营者可组合选择。

8.2.2　重视日常经营，高效引流

运营是能否做好农村电商工作的关键。因为运营环节是农村电商运作流程的“大脑”。它负责将农产品、销售渠道、宣传途径等内部资源由上到下地进行整合，之后计划、组织并跟进相关运营事务，进而把握全局，综合统筹，引导农村电商工作方向。

运营环节的工作涉及很多方面，不仅需要对农产品和网店进行合理安排，还要与其他环节配合，确保电商工作的顺利运行。一般来说，农村电商运营环节的工作主要包括以下几项，如图8-3所示。

运营的目的是吸引客户，增加客户流量。对农村电商行业来说，有了流量也就有了用户，有了用户也就有了消费者，也就能够实现盈利的目的。每个运营环节都具备引流功能，下面具体来看一下。

1.内容填充

在该环节，农村电商运营者需要负责农村电商团队官网的内容建设、组织和运营，以及制定运营制度与流程，设计年、月、季的战略目标与执行方案。

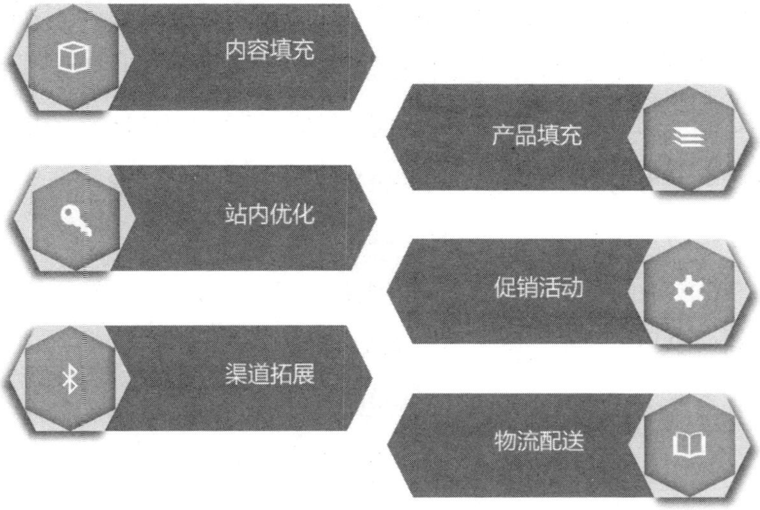

图8-3　农村电商运营环节的工作

在此环节要想达到引流目的，农村电商运营者需要充分了解自身电商团队掌握的资源，与团队整体配合，根据当地实际情况策划商讨短期与长期的引流方案。

2.产品填充

在该环节，农村电商运营者需要做到：提出产品的更新计划，对市场调研、农产品上线、尾货及季末销售等环节制订详细的计划并实施；对农产品上架的计划、图片拍摄等细节要做好规划；对农产品销售情况要进行预估，据此制订可控的库存管理方案。

在此环节要想达到引流目的，农村电商运营者可以对网店的客户进行分类管理，形成集会员积分、会员等级、会员维护、会员卡服务等为一体的会员体系，并定期举行线上会员活动等。

3.站内优化

在该环节，农村电商运营者需要使用可以提升线上客户体验的新技术，不断优化网店页面及交互功能，定期优化官网效果，以提高客户的使用体验。客户的使用体验增加，电商团队的口碑就会增加。当客户对团队有足够高的好感度时，便会自发为电商团队宣传，引流的目的也就达到了。

4.促销活动

在该环节，农村电商运营者需要组织各种促销活动来增加销售量，例如，满50元送新鲜果切、购买会员卡送应季水果等。

在此环节要想达到引流目的，农村电商运营者可以关注线上平台各大购物节并与之配合，开展促销活动；还需要关注市场和行业动向，收集有关信息，分析竞争对手的促销活动，并结合自身优势提供有效的应对方案。

5.渠道拓展

在该环节，农村电商运营者需要积极开展与其他线上、线下平台的合作。通过分销、联营、线上线下联动等方式来达到引流的目的。比如，若某地区盛产药材，就可以同与药材有关的人气电视剧联名，植入广告。

6.物流配送

在该环节，农村电商运营者需要与不同的物流公司洽谈以确定合作的物流公司，并策划效率最高的物流配送体系。

在此环节要想达到引流目的，农村电商运营者可以从订单受理、财务确认、库房打包、配送发货、物流跟踪、客户验收、客户回访等环节与各相关小组紧密协作，结合客户的反馈信息不断优化订购处理流程，注重客户的购买体验，对此过程中出现的问题进行优化。当客户对服务满意后，就有极大可能成为回头客，引流的目的也就达到了。

运营工作的重点就是把握全局，综合统筹，以敏锐的目光分析市场及农村电商团队的发展，并以此为基础制定合理的制度及发展规划。在此过程中，农村电商运营者需要注重团队之间的配合，还要定期进行各种工作的汇总及进行市场调研，为农村电商团队的下一步发展奠定坚实的基础。

8.2.3　好文案的重要性不可忽视

通过文字描述内容，让客户感知产品，是农村电商团队运营过程中必不可少的环节。这个环节也是丰富农产品内涵的过程。例如，同样都是售卖羊肉产品，A文案是“鲜美羊肉，放心食用”，B文案是“你永远都无法叫醒一个装睡的人，但是兰肉火锅可以”，如图8-4所示。

图8-4　羊肉产品宣传文案

两个文案的重点都在羊肉的鲜美上，但A文案过于平淡直白，无法令人产生联想，而B文案能让人联想到羊肉的香气和美味，勾起人们迫切食用的心情。结果当然是B文案带来的销量更多，并且还带动了各种相关火锅食材的销量，这就是一个优质文案的作用。

那么，农村电商团队应如何设计出优质文案呢？答案是抓住客户的“五觉”。

农产品的特征可以分为营养价值、外观、种植成本等。但普通客户看到农产品时，不会说：“它的成本是多少”“原料是什么”等，只会说“颜色好诱人”“闻起来好香”等。

所以，客户对农产品的评价更多是从自己的主观感受出发的。只要客户感觉好，就会忍不住购买。至于这个农产品成本多少，生产者付出多少心血去种植，客户很少会在乎。

因此，大部分农村电商团队都喜欢从消费者的角度去考虑农产品的文案设计。对此，农村电商团队可以选择抓住客户的“五觉”，即视觉、听觉、嗅觉、味觉、触觉去设计农产品文案，让客户更好地感知农产品的特点，引起客户的共鸣，进而促使其为农产品埋单。

8.2.4 为农产品设计亮眼的包装

所谓“人靠衣装马靠鞍”，农产品也需要一件可以吸引消费者的“衣服”。不难想象，当消费者在电商平台上看到农产品非常精美的包装后，肯定会情不自禁地对其产生好感。那么，什么样的包装对于农产品来说才是合格的呢？我们可以通过以下几个方面进行判断。

（1）一个好的包装必须能够激起消费者的消费欲望，促进消费行为的产生。消费者对不同类别的农产品通常有不同的诉求，这一点应该体现在包装上。例如，高档农产品的包装就应该区别于低档农产品，这样可以有效提升购买率和复购率。

（2）注重包装的颜色，一般高纯度颜色的包装更容易对消费者产生吸引力。此外，鲜艳明快的颜色比冰冷灰暗的颜色更受消费者喜爱。最后需要注意的是，包装的颜色种类一定不能过多，最常见的就是两种颜色相匹配。

（3）包装上要有合适的图案，以便让农产品更形象、生动、有趣。例如，茶叶是一种民族性极强的农产品，如果为它的包装设计图案，那就可以选择一些类似于中国画、装饰纹样、吉祥话语、民间剪纸、少数民族图腾等具有民族文化气息的传统图案。这样的图案可以充分表现茶叶的传统性，如图8-5所示。

图8-5　带有中国画的茶叶包装

（4）包装的载体和工艺需要创新。在载体方面，我们应该多关注更符合环保理念的绿色、无污染包装；在工艺方面，我们需要对包装的造型进行适当调整，例如，把适合儿童食用的无公害蔬菜的包装设计得更卡通化、形象化。

包装的重要性已经不言而喻，不过，即使将包装设计得足够精美，如果农产品的质量没有保障，依然逃不过“金玉其外，败絮其中”的宿命。如今，越来越多企业希望可以在最短的时间内获得最丰厚的利润，但违背规律，依靠虚假包装吸引消费者眼球的做法十分不可取，很可能会落个“玩火自焚”的下场。

8.2.5　加强客服管理，提升服务质量

客服的主要工作是为客户提供解答和售后等服务。为了展示客服在售前、售中、售后各主要阶段的任务，本节专门为大家总结了客服详细的工作流程，如图8-6所示。

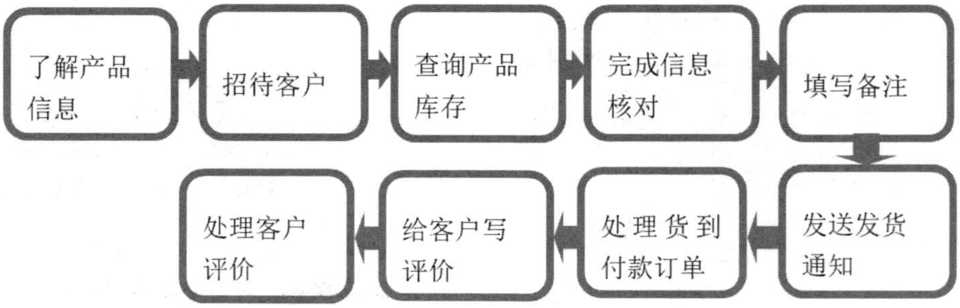

图8-6　客服的工作流程

1.了解产品信息

客户咨询的大多数问题都与农产品有关，如果客服连自家的农产品都不了解，就无法为客户提供服务。因此，客服首先要做的就是熟悉农产品。对客服来说，农产品的特点、营养价值、食用注意事项等要做到信手拈来，这样才能顺畅解答客户提出的各种关于农产品的问题。

2.招待客户

客服招待客户有两种方式，一种是利用阿里旺旺等即时通信工具和客户进行沟通；另一种是通过电话与客户进行沟通。如果是接听客户的电话，客服需要具有很强的灵活性和变通性，因为电话沟通没有足够的时间进行思考。

3.查询产品库存

有时候，客服会在招待客户的过程中发现，客户看上的某款农产品已经没有库存了，这就会导致订单损失或者延迟发货的情况，最终影响电商团队的口碑。因此，客服应该经常查询农产品的实际库存是否充足。

如果发现库存不足，要及时补货，而不是等到库存为零时再处理。此外，因为页面上的库存和实际的库存是有出入的，所以客服需要到网店管家中查看农产品的实际库存，这样才不会出现缺货发不了货的情况。

4.完成信息核对

有些客户经常帮朋友买礼物，这时就需要填写朋友的地址以及电话。然而一些粗心的客户会忘记这件事，默认为自己原来使用的收件信息，待收到货时，其又会要求转寄，但很多农产品保存时间有限，这会给客户和电商团队都带来麻烦。因此，在客户付款之后，客服需要与客户核对一下收件信息。

在核对信息的同时，客服还要向客户表明网店支持的快递公司有哪些，然后让客户自己选择。如果客户没有明确表示，再通过默认的快递公司将农产品寄出去。

5.填写备注

如果订单信息是正确无误而且没有在备注中做特别说明的，客服就可以省去这一部分工作。但如果订单信息发生变动，客服就有责任和义务将变动反馈出来。只有这样，负责后续工作的客服才能知道订单信息有变，从而做出相应反应。

6.发送发货通知

调查发现，很大一部分客户在网购过程中都非常关注物流问题。客服如果在农产品发出去之后，用阿里旺旺或者短信给客户发条信息，告诉客户农产品已经发出，就可以增加客户对网店的好感。对于下单但还未付款的客户，客服可以通过阿里旺旺告诉客户，马上就要到截单时间了，如果现在付款当天就可以发货。

7.处理货到付款订单

一般来说，用支付宝付款比货到付款更便宜。但是很多客户没有注意到这一问题，所以在购物时选择了货到付款。在这种情况下，客户收到农产品时，发现需要支付的价格比网店上标明的价格高一些，就很可能认为自己受到了欺骗，而选择拒收或者给差评。此举会给网店的信誉和形象带来损害。

因此，客服在看到货到付款的订单后需要立即联系客户，告知其货到付款的具体情况。如果客户依然选择货到付款，那么就可以继续进行后续工作，否则就需要让客户重新下单。

8.给客户写评价

在交易结束之后，客服需要给客户写评价。在评价客户的过程中，客服可以适当推荐网店，这相当于给网店做了一次免费的广告。

9.处理客户评价

若客户给予好评，客服需要表示感谢；若客户给予中评，客服需要表示歉意。经营过程中收到中评是非常常见的，这时客服不能抱怨泄气，而是要解决问题，争取让客户更改评价；若客户给予差评，客服依然需要保持友好态度，耐心解决客户的问题。

客户之所以给出差评，除了职业差评师以外，一般都是因为农产品出现重大问题，包括农产品在运输过程中出现损坏、农产品质量差、与产品描述不符等。此时，客服除了保持友好态度以外，还应该针对客户的问题给出解决方案。

可以说，提升客服的服务水平是促进农村电商团队发展的要点之一。只有客服提供的服务让客户满意，电商团队的生意才能蒸蒸日上。因此，农村电商团队要加强对客服的培训和管理。

8.3　成为优秀农业电商的关键点

随着越来越多的农民开始通过电商进行农产品的营销，农业电商的市场竞争也越来越激烈。因此，在进行农业电商的运营过程中，农民需要抓住关键要点，如此才能在同类赛道中迅速脱颖而出。流量与人才，是成为优秀农业电商的两个重要抓手，农民应当从这两方面入手，不断提升自身的竞争力。

8.3.1　流量：线上与线下齐头并进

流量获取困难是农村电商团队面临的主要难题，若通过大量的广告宣传获取流量，无疑会增加农村电商团队运作的成本。因此获取线上流量来带动线下发展是非常有必要的。下面来看看浙江临安地区的农村电商团队的做法。

临安地区的电商团队的成功源于其利用线上平台获取流量。临安地区的电商团队打造了旅游、传媒、娱乐、生活、服务五位一体的微信公众号——“微临安”，定期在微信公众号上发布与产品相关的“干货”文章、发放各种福利以吸引流量。

此外，临安地区的电商团队还积极与其他微信公众号合作进行交互推广，以便实现精准引流。经过线上渠道的长期经营，临安地区的电商团队在保证低成本投入的前提下获得了更多的流量。临安地区的电商团队还通过打造淘宝知名店铺、运营微博账号、抖音账号等，打通了多条线上营销渠道，实现了多方引流。

线上的流量为临安线下地区带来了大量的商机，当地许多村民选择以电商渠道销售坚果、炒货类的农产品。而农产品包装上又印有线上公众号、淘宝店的二维码。此外，当地还在商场、电影院等地适量投入广告，进一步为线上平台引流。

这种线上、线下渠道相互配合的电商模式让临安形成了“两园多点”的局面，其中“两园”指的是临安区电子商务产业园与龙岗坚果炒货食品园，“多点”指的是多个农产品基地。依靠这种方式，当地迅速发展出多个农产品电商示范村，总销售金额超过5亿元。

8.3.2　人才：招贤纳士是永恒课题

优秀的人才是农村电商团队发展的重要动力，农村电商团队要想获得更好的发展，就需要重视人才的作用，吸引更多人才进入农村电商团队并留住人才。

对于农村电商团队来说，招揽人才的根本动机是提升自身实力，以便在市场中获得更好发展。一般来说，适合农村电商行业的人才必须具备以下6项素质，如图8-7所示。

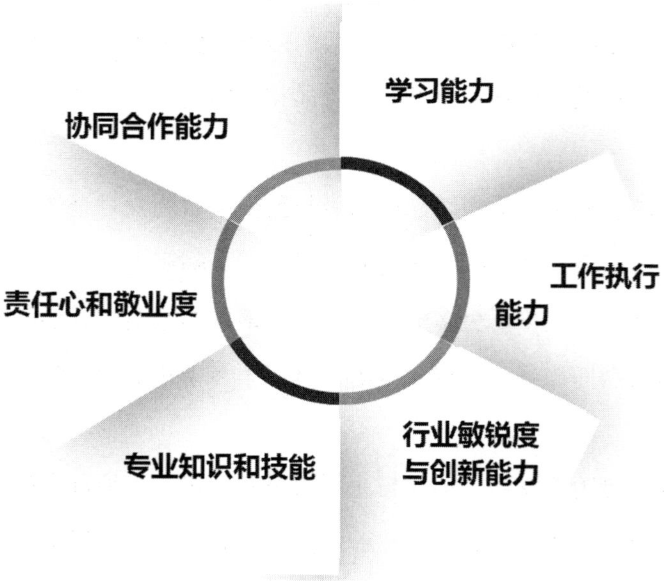

图8-7　农村电商人才必须具备的素质

在以上6项素质中，学习能力和工作执行能力最为重要，行业敏锐度与创新能力、专业知识和技能、责任心和敬业度、协同合作能力次之。在迅速发展的互联网时代中，农村电商团队必须招揽一批拥有强学习能力和强工作执行能力的人才，才能适应这样的大趋势。

再者，电商行业中的新思维、新技术涌现速度非常快，这种情况要求农村电商团队招揽有较强行业敏锐度与创新能力的人才。同时，掌握专业知识和技能的人才也非常重要，这些人才熟知电商业务，能够带领农村电商团队快速、高效地发展。

此外，责任心和敬业度也是其必不可少的素质。农村电商行业发展不易，团队人才必须有足够的抗压能力，能够承担一定的责任，为其他农村电商团队的工作人员做好表率，带领团队向前。

农村电商行业的人才还应具备注重协同合作的素质。在农村电商团队中，每个人的角色都不相同，并且都是缺一不可、无法替代的。协同合作能够使人才的能力得到最大限度的发挥，产生“1 + 1>2”的效果。

总之，农村电商团队的管理者需要时刻关注市场动向，立足全局去思考人才的选择与调整。那么，介绍完了农村电商人才必须具备的素质，下一步就是招揽具备这些素质的人才并想办法将其留住。下面结合一个案例来看一下如何留住人才。

作为我国知名的“皮草城”，浙江海宁始终紧跟时代步伐，大力发展农村电子商务。该地区十分重视对人才的培养和管理，该地区的农村电商团队也在这些人才的带领下不断向前发展，其具体做法如下。

1.寻找人才

该地区的农村电商团队在寻找人才方面十分注重人才的专业性，并通过内部提拔和外部引进两种策略寻找人才。

首先，当该地区的农村电商团队内的职位出现空缺时，电商团队首先会通过内部提拔的方式选拔人才。在选拔人才时，其并不关注人才的资历，而是以工作能力、技能专业性为标准选拔人才，使得本土专家和工作能力强、专业技能突出的外来人员的能力得以充分发挥。

其次，该地区的农村电商团队会通过外部引进的方式不断向当地引进人才。在引进人才时，该地区的农村电商团队也会对人才进行严格的考核。

2.留住人才

在寻找到人才之后，该地区的农村电商团队也做了多方面的努力来留住人才，以便让人才创造更大价值。

（1）打造团队文化。该地区的农村电商团队十分重视对团队文化的打造，并通过不断地讲解团队发展愿景、团队管理制度、团队坚持的价值观等宣传团队文化，同时定期举办各种团建活动，以此增加人才的认同感和归属感。

（2）打造利益共同体。为了留住人才，该地区的农村电商团队将部分重要人才变为其合伙人，即除了为人才提供较高的薪酬外，还会将电商团队的年营收的10%作为奖励为这些人才发放奖金。电商团队收入越高，人才获得的奖金也就越多。这种将人才与农村电商团队打造成利益共同体的方式，促使了人才为农村电商团队的发展而奋斗。

3.塑造人才

留住人才之后，该地区的农村电商团队也注重对人才的塑造，以便激发人才的潜能，发挥人才的价值。在塑造人才方面，其将培养落到实处，在人才培养方面投入了大量成本，并建立了完善的人才培养体系，以此不断提升人才的执行力、创造力。

浙江海宁地区的农村电商团队的成功离不开其人才管理的成功，其在人才管理方面的举措值得其他地区的农村电商团队学习。

8.3.3 浙江遂昌打造智慧型供应链

为了顺应时代发展，浙江遂昌站在了“农村互联网＋”和农业电商的风口上，与当地企业共同成立了网店协会，打造了一个集良好环境、美丽经济、特色文化于一体的生态圈。遂昌在政府的支持下组织农产品线上销售，创建智慧供应链管理体系，如图8–8所示。

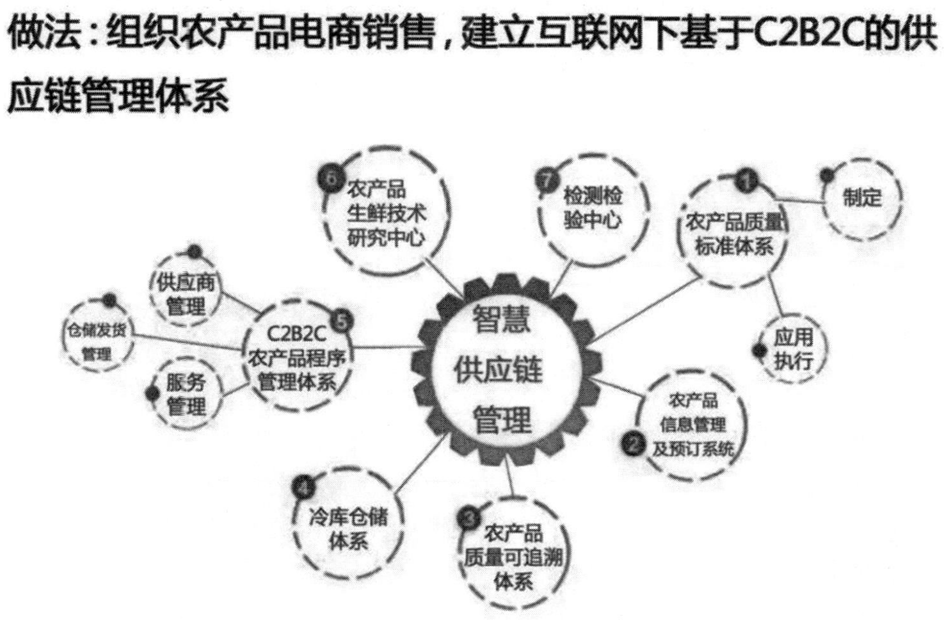

图8–8　遂昌的智慧供应链管理体系

从整体上看，遂昌的农业电商模式主要包括以下4个关键点。

（1）召集政府、网商、服务商、供应商参与农业电商发展，建立信息共享机制；

（2）组织电商公共服务培训，让大家学习先进的电商知识和电商理念；

（3）通过网店协会邀请专家为从业者提供商业策划、产品拍摄、品控包装、页面设计等服务，形成完善的农产品上行体系；

（4）通过网店协会建立便民服务体系，开设赶街服务站，解决农业电商中的支付、物流、售后等问题，形成完善的工业品下行体系。

我们可以从遂昌的农业电商模式中了解到，做农业电商不等于农民开网店，要坚持让专业的人做专业的事。也就是说，农民要想开好网店，就必须不断提升自己的能力，丰富自己的电商知识储备，更新自己的电商理念，同时还要积极与当地政府和各类组织达成合作。

第 9 章　新媒体带货：乡村消费持续升温

新媒体，是当前最火爆的带货渠道。不管是抖音、快手等短视频平台，还是微博、小红书等图文分享平台，都有大量的用户基础，也都是广受追捧的带货平台。对于农产品的销售来说，通过新媒体进行营销带货，是激活乡村经济，促进乡村消费持续升温的有效手段。

9.1　以“农”为核心做定位

当前，新媒体带货正在如火如荼地发展，在众多平台中，各种品类的产品应有尽有。要想更好地促进产品的销售，农产品营销就必须找准自身定位，以“农”为核心进行产品的推广，才能在激烈的市场竞争中突出重围。

9.1.1　找到你的受众并满足其需求

新媒体平台为无数乡村带来了商机，因此其间竞争也越来越激烈。乡村若想在日趋激烈的竞争中占得一席之地，高数量与高忠诚度的观众是关键。

新媒体平台面向的主体是观众，乡村要深挖观众需求并尽力在输出内容时满足观众的需求。那么，如何能够找对观众并吸引他们呢？下面两点可供乡村进行参考。

1.分析自身背景

乡村自身背景主要包括乡村的产业状况、乡村的地域及资源优势、乡村的发展目标等。通过分析这些内容，乡村可以清楚地了解到自身优势，判断自身能吸引到的观众类型。

2.分析观众

乡村可以从目标观众、已有观众类型两个方面入手分析观众。

（1）目标观众。乡村所发布的内容决定了观众的类型，所有对乡村发布内容感兴趣的观众都是目标观众。

（2）已有观众类型。乡村要分析已有观众群体的类型，准确分析观众类型对乡村维护观众和扩展观众规模都能起到重要作用。例如，同样是发布旅游内容的乡村，其观众类型的不同决定了其发展路径的不同。

乡村A的观众多为18 ~ 22岁的女性，这些女性向往该乡村的花田，因此该乡村在新媒体平台中发布的内容以花田美景、鲜花美容为主；乡村B的观众多为中老年群体，消费能力相对较高，因此该乡村发布的内容多为度假村体验、高档旅游产品推荐等。

乡村通过对自身背景和观众群体的分析，能够得出观众定位的方向。获得精准定位后，乡村便可以通过此定位有针对性地吸引观众、维护已有观众群体，这些观众群体能够节约乡村的维护成本，购买力也会强于零散的观众群体，为乡村带来更多收益。

9.1.2 做特色定位的“三步法”

新媒体渠道能够高效、快速地带动乡村经济发展。但我国乡村数量众多，无数人争先恐后地利用这一渠道，甚至于出现市场饱和的情况。打开任一平台搜索乡村相关内容，都会发现其中掺杂着大量质量平平、毫无特色的作品，而能赢得流量与收益的，始终是那些有着精品内容的知名账号。

这些知名账号发布的内容存在一个共性，就是拥有清晰的定位。比如“网红”李子柒，她的定位就是展示乡村生活，在她发布的内容里不可能存在咖啡品鉴、动漫赏析这类的视频。若出现以上内容，则会破坏她自身的定位，导致粉丝流失。

因此，在以新媒体带动乡村发展之前，首先要做好定位。因为一旦有了准确的定位，就如同在茫茫大海上航行的帆船有了灯塔的指引。而且清晰的目标定位也是新媒体带动乡村发展的动力。做定位共分三步，如图9-1所示。

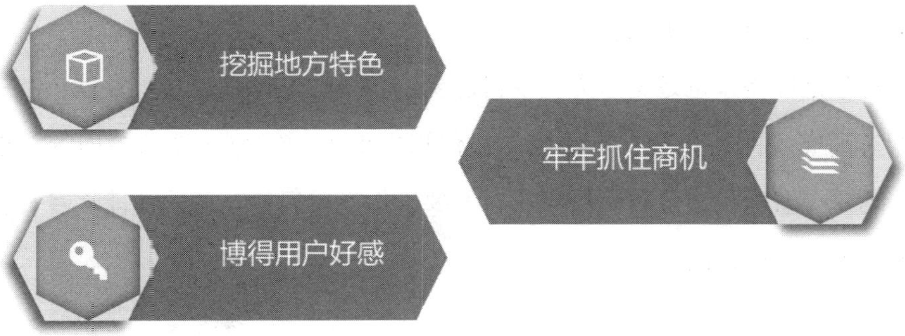

图9-1　做定位的流程

1.挖掘地方特色

第一步是以内容为核心，充分挖掘地方特色，找到乡村自身的特征，再将这些独具特征的内容通过新媒体平台传输，最终精准地传达给受众。比如乡村定位的是古镇生活，那么吸引来的就是好奇古镇人民如何生活的受众群体，发布的内容里就应尽量展示古镇日常生活。

2.牢牢抓住商机

第二步是在做好乡村定位的基础上，牢牢抓住商机。找到乡村的特色资源后，应对其价值进行深挖。比如，某地的特产A爆红网络后，大量粉丝都对特产A有了兴趣，那么，特产A就拥有了商机。乡村要抓住此商机，将其变为乡村发展的机遇，如规模种植特产A，开发与特产A有关的商品，打造特产A种植旅游区等。当特产A形成一种完整产业后，其就能变成乡村振兴的动力，可以助力乡村走上致富道路。

3.博得用户好感

第三步是博得用户好感。当用户对乡村所发布的内容毫无兴趣时，此定位就是失败的。博得用户好感的方法是建立用户画像并投入使用。乡村应分析并收集粉丝的综合信息，明确粉丝真正想要的是什么以及为何被吸引，进而有针对性地发布或改进相关内容。

特色是风格，也是竞争力。乡村想要以新媒体途径带动自身发展，就一定要拥有高亮度的特色和精准的定位。但挖掘地方的特色必须从全面的角度出发，既要探索商机，分析市场需求，又要确保其可行性，如此才能让乡村特色助推其走上发展道路。

9.2 做新媒体，内容是关键

新媒体营销不仅需要突出特色，还需要在各个方面发力，吸引并留存消费者的注意力。其中，内容输出是新媒体营销的关键。优秀的内容能够在第一时间向消费者展示出产品的特色与优势，使消费者对产品产生浓厚的兴趣，最终促进产品的销售与品牌的推广。

9.2.1 乡村风貌类内容：展示乡村的魅力

乡村的内容输出是乡村的价值所在，规划所输出内容是以新媒体带动乡村发展的前提。乡村在新媒体平台输出的内容一定是要有价值的，并且要让观众感受到乡村的价值。

乡村的内容输出对于乡村的发展十分重要，是决定乡村发展速度的重要因素。所以在规划新媒体平台输出的内容之前，乡村首先要明确输出的方向和关键内容。乡村可以从以下几方面入手，确定输出的核心内容，如图9–2所示。

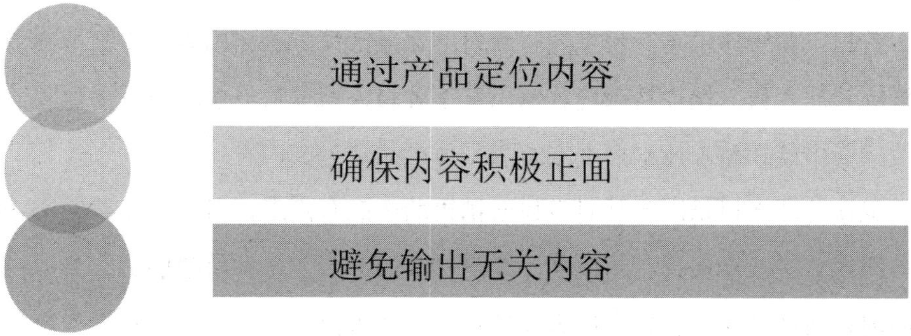

图9–2　如何把握乡村输出的核心内容

1.通过产品定位内容

乡村需要根据自己所推销的产品类型确定其在新媒体平台上输出的核心内容。例如，对于宣传旅游业的乡村而言，其输出的核心内容必须要围绕乡风、景区展开。乡村的输出内容可以是景区人民的生活、景区美食、景区旅游产品测评和旅游体验分享等。比如，通过直播方式展示农村发展的情况，将具体的农业生产过程呈现给观众，让观众感受农业生产活动的趣味与特色，满足其对乡村生活的好奇心。

乡村输出内容的核心必须是固定的。观众是乡村销售产品的受众，乡村根据产品确定乡村的输出内容能够很好地契合观众的需求，吸引更多的观众进而关注乡村。

2.确保内容积极正面

乡村向观众输出的内容必须是积极正面的，这样的内容更受观众的欢迎且能持续吸引观众。例如，某村主要推销纯天然食品，其向观众输出的内容却以转基因食品的危害、农药的危害为主。这些消极的内容无法长期吸引观众，调动观众的积极性。

3.避免输出无关内容

若想以新媒体带动乡村发展，乡村就要保证持续输出内容，不断地吸引观众持续关注乡村。保证持续内容输出并不容易，但乡村也要注意，不能为了保证持续输出就在新媒体平台上发布与定位产品无关的内容。

观众关注乡村是因为其对乡村所销售的产品有需求，对与产品有关的知识感兴趣。对于观众而言，与产品、乡村相关的内容才是有价值的。如果乡村输出的内容与产品无关，就会使观众质疑乡村的价值，甚至导致已经成为粉丝的观众脱粉。

通过直播、短视频等新媒体渠道，观众能够知晓农业生产过程的艰辛，因而产生购买农产品的欲望。同时，网络平台使农产品的销售渠道得以拓宽，农村直播也让观众感受到各村落的魅力，旅游产业因而能够得到发展。此外，由于内容是连续输出且真实有效的，观众对农产品和乡村的信任度也会提升，其消费时的安全感能够得到保障，消费力度也会增加。

这就是新媒体平台带给农村的益处。因此，乡村要以产品为中心规划好在新媒体平台上输出的内容并把握好内容输出的方向，保证所输出内容有价值，能够展现乡村风貌，还原乡村生活。只有这样，乡村才能够通过新媒体平台推动乡村振兴的进程。

9.2.2 知识类内容：科普农业干货

现在是一个信息传播越来越“碎片化”的时代，书刊、广播、电视等传统媒体的信息传播效果不像短视频、直播等新媒体那么好。新媒体可以给人们带来极强的视觉感和沉浸感，而且还可以让农业知识简单、易懂。例如，农民只需要打开短视频观看几分钟，就能掌握一些农业知识，这样的“充电”方式不仅非常方便，还会让学习变得更生动、有趣。

随着网络覆盖农村，手机用户不断增加，城乡之间的联系更密切，新时代农村建设从愿景走向现实。而且，在新媒体进一步发展的情况下，农业知识传播有了更多渠道，农民在短时间内获取专业的农业知识，提升自己的能力也成为可能。

在通过新媒体传播农业知识方面，蒙阴县做得非常不错。该地区以推动农产品高质量发展为宗旨，积极优化和整合各种农业资源，使农业知识在农村得到广泛传播。例如，该地区组织科技工作者、农业知识科普志愿者开展“智惠桃花源科技下乡”活动，将果树修枝、预防病虫害、土质养护、精准采摘等方面的农业知识传授给广大农民。

农村要发展新媒体，就要充分发挥新媒体的作用，使其成为政府和农民的助力。农村借助新媒体进行农业知识传播，可以提高农民的科学文化素养，让农民以更好的姿态、更自信的精神进行农业生产，从而实现科学普及与乡村振兴共同发展。

9.2.3　农产品类内容：详细介绍农产品

乡村在新媒体平台展示农产品前做好功课，有利于激发消费者的好奇心与消费热情。下面来说说具体的展示方法。

首先，乡村在展示农产品前，要仔细研究其优、缺点。例如，如果乡村想要在新媒体平台上推销一款新培育的草莓，那么色泽漂亮、口味香甜等就是这种草莓特有的优点，而果实小等就是这种草莓的缺点。

为了更好地了解农产品的优、缺点，乡村可以通过向种植者、育种者询问，与其他同类农产品对比等方式，多方面了解其优、缺点。同时，乡村还要区分农产品的哪些缺点是由农产品本身的不足导致的，哪些缺点是这一类农产品所固有的。

其次，在明确农产品优、缺点的基础上，乡村还要掌握弥补农产品缺点的方法。例如，这种草莓果实小，乡村就可以将这种草莓宣传成“一口一个，摘蒂即吃”。

乡村需要重点展示农产品的优点，同时也应展示农产品的缺点，如果乡村对农产品的缺点避而不谈，那么就容易引起消费者的抱怨，这也会使乡村失去消费者的信赖。

最后，乡村在展示农产品时，必须要抓住消费者的需求，重点介绍消费者想要了解的内容。以中高档农产品为例，在介绍此类农产品时，乡村可以重点介绍以下几个方面，这些都是消费者需求的重点内容，如图9–3所示。

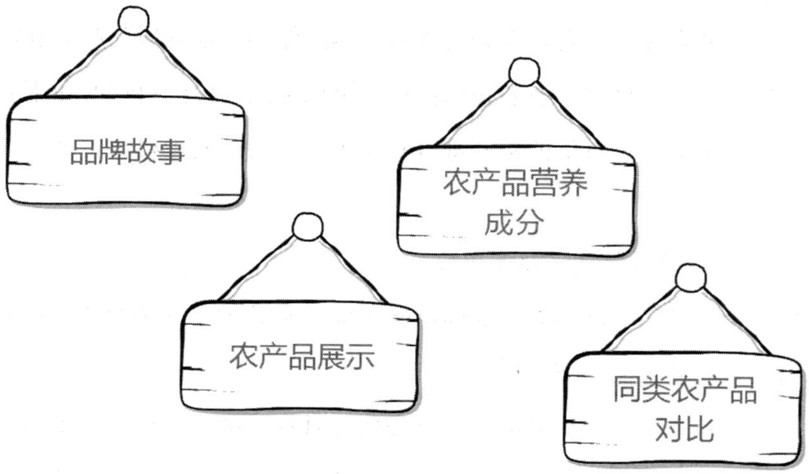

图9-3　介绍农产品的重点内容

1.品牌故事

中高档农产品本身已经有了品牌基础。乡村可以和消费者分享品牌创立及其发展过程中有意义的事件，分享一些经典的品牌故事。这些能够体现出品牌的理念，加强消费者对品牌的认知。

2.农产品营养成分

近几年来，消费者对农产品营养成分的关注度越来越高，越来越关心农产品的营养成分究竟有什么、对身体的益处等。同时，他们也会愿意为含有某种成分的农产品埋单，如含碘量丰富的富碘米等。

故而乡村在介绍农产品时需要详细讲明农产品的营养成分并讲明其所含营养成分的功效等。

3.农产品展示

乡村在进行农产品展示时，可以围绕农产品讲解多方面的知识，比如，介绍农产品的包装设计特点以及设计的优势；对于水果类的农产品，乡村可以请真人现场试吃，通过真人分享试吃感受，让消费者明确地了解农产品的食用感觉。

4.同类农产品对比

乡村可选择一些类型农产品，分析其与自身产品的不同之处，从而对比出自身农产品的优势。

只有从消费者的需求出发，让消费者充分了解农产品的优势，才能够激发消费者的购物热情，从而提高农产品的销量。

9.2.4　福利类内容：促进农产品销售

在确定了在新媒体平台输出内容的方向后，乡村也要保证所输出内容的价值。那么，什么样的内容才称得上有价值？对于观众而言，乡村在输出内容时发放的各种福利以及发布的各种与产品有关的知识都具有价值，概括一下就是福利与干货两个方面。

1.福利内容

合理发布福利内容能够大幅提升观众的满意度。如果观众不用付出金钱就能得到好处，乡村和产品在其心目中的好感能得到很大程度的提升。

比如，三只松鼠品牌在直播售卖坚果类零食时，会让主播宣传买坚果赠送开果器这类的信息，帮客户解决吃零食时的卫生问题，还会告知观众，在直播间下单赠有限时优惠。这些内容让零食销量一举大增。这就是福利内容的力量。发布福利内容有4个注意事项。

（1）福利内容应具有促进主产品销售的作用。福利内容最主要的用途就是促进主产品的销售。因此，乡村在制定福利内容时，应满足让观众看到福利内容，就能被激发出消费欲望的原则。比如在直播时抛出限时折扣的优惠，错过优惠时间段恢复原价。

（2）福利内容要与产品用途相关。观众购买某一产品，就必定有其具体的用途。因此乡村在制定福利内容时，应当注重其与产品用途的关联性。如此便能让福利内容发挥其作用，迎合观众的需求。比如，买蜂蜜赠送勺子，买茶叶赠送紫砂壶等。

（3）福利内容要符合产品定位。乡村所制定的福利内容需要与产品的定位相符，这样可以为产品加分。比如，一款红枣的定位是补气益血，那么在制定福利内容时，也应当与滋补身体相关。

（4）合理控制福利内容的成本。制定福利内容还需要考虑成本问题。福利内容的数量、用途、预计效果等因素都影响着成本。如果福利内容的引流效果好，但是其成本过高，就会在整体上影响产品的利润，毕竟乡村制定福利内容的目的是促进销售，最终获得丰厚的利润。比如，在宣传旅游业时，乡村若赠送价格昂贵的机票，就有可能导致亏损。因此制定福利内容必须要合理控制其成本。

合理输出福利内容能够有效提高观众对乡村的黏性，让乡村得到更好的发展。

2.干货内容

乡村在新媒体平台发布干货内容时，需要以产品为中心，同时也要满足观众的需求。例如，乡村所推销的产品是柴鸡蛋，那么就可以输出一些营养价值科普、食谱方面的干货内容给观众。

观众关注乡村在新媒体平台上输出的内容是希望能够从中获得福利、学到知识，乡村只有满足观众的这些需求才能获得利润。富含价值的内容能够使观众意识到乡村的价值，进而愿意为其付费，乡村便能从中获益，最终推动乡村振兴的进程。

9.3 终极目标：通过新媒体带货变现

随着互联网的发展以及短视频平台的快速崛起，新媒体直播带货日渐成为最受人们喜欢的一种销售方式，主播直播讲解产品，消费者可以实时与主播互动，及时得到相关问题的解答，足不出户也能全面了解产品信息，体验到像线下购物一样的服务。通过这样的销售方式也可以促进乡村经济的快速增长。

9.3.1 湖南邵东：聚焦新媒体，赋能乡村振兴

湖南邵东市为拓宽农产品和工业品的销售渠道，借助新媒体搭建了线上销售平台，通过“两微一抖”商城实现了多元化销售渠道的建立，将邵东市的优质农产品汇集在线下服务中心展出，推动了农产品和工业品的进城下乡。

为建立农产品的线上销售平台，推动当地的电商产业发展，吸引更多年轻人返乡创业就业，邵东市乡村振兴学院开办了“主播训练营”公益课堂，推出“千人千播”计划，利用新媒体为乡村振兴赋能。

培训免费面向全体学员，通过乡村振兴信息服务中心向全市发布招募通知，全市所有有意向参与电商直播的居民，包括农民、企业、返乡青年和退役军人都可以参加培训。第一批参加的学员就有60多人。

训练营的培训为期三天，从账号注册开始，到如何拍摄短视频、如何搭建直播间、直播设备的使用方法和直播的基本话术等都是培训的内容。教学时除了传授理论、指导实操以外，还会分享短视频平台的使用经验，让学员在理解掌握知识点的同时能够快速提升直播和销售的技能。

邵东市通过举办这次训练营，获得了一批具备直播带货能力的人才，搭建

起乡镇乡村专属的直播间，解决了返乡青年的创业就业问题，还通过网络直播的方式，将本地的特色农产品成功推广销售出去，为促进农户和企业的增收取得了良好的效果。

在如今媒体多元化的时代，农民想要了解外界事物就必须要以媒体信息作为桥梁和纽带，聚焦新媒体，将乡村振兴事业中出现的创业故事、典型人物和独具特色的“网红”村通过新媒体的平台，以图文或视频的形式传播出去，让大众了解乡村的新变化，也能让农民可以快速接收新信息，获取新知识，更好地助力家乡实现乡村振兴。

9.3.2 云南罗平：“网红”带货促进收入上涨

云南省罗平县政府为推动云南农业、旅游业发展、培养乡村人才、助力乡村振兴，联合相关企业部门在罗平县开展了为期两天的乡村振兴系列活动。这次活动的内容包括在罗平乡村振兴示范园打卡“网红”景点、宣传推广云品品牌、培养本土的电商人才和“网红”达人以及直播带货等环节。

活动期间，举办单位专门邀请到了电商直播的高级讲师和“网红”带货达人，帮助本地的创业青年和电商从业者学习如何经营网店、直播带货。为罗平培育了一批新媒体人才，实现乡村人才、产业的同步振兴，拓展了农产品和电商发展的营销渠道，提供给乡村振兴源源不断的新动能。

在直播带货的环节中，“云南小花”“云乡小丽”“曲靖老村长”等本土“网红”主播热情地向直播间里的粉丝们推广当地绿色、健康、纯天然的优选特产，介绍各类产品的特质，并进行在线试吃，订单接踵而至，在活动当天创下了315万元的销售额。

在这之前，罗平县还举办过直播竞赛的活动，在活动中不仅要进行直播带货的比拼，还开展了读书活动和交流大会。主播“云乡小丽”在这次大会上分享了自己在抖音直播创业的经历，讲解了自己的团队运作模式。“云乡小丽”表示，通过这样的方式代言自己家乡的优质产品，助力家乡振兴是自己作为云南本土主播应尽的责任。

云南罗平与当前的经济社会发展相结合，多次举办互联网电商交流活动，准确地抓住了互联网数字经济和“网红”经济发展的新机遇，突破以往传统的工作方法，搭建新的销售网络，结合当地的资源和产业优势，大力发展电商经济，探索研究乡村振兴的新模式，更好地帮助全面推进生态、文化、人才、产业、组织振兴。

9.3.3　演员赵亮养鸡，助力乡村振兴

在娱乐圈中，有一位明星的名字与他的助农事业一样为人熟知，他就是赵亮。赵亮因在1997年电视剧《康熙微服私访记》中饰演“三德子”一角而广为人知。除了演艺事业外，他还积极参加慈善活动，尤其关注农村发展。近年来，赵亮通过养鸡助力乡村振兴，为当地村民带来了福音。

赵亮出生于农村，从小就对农村有着深厚的感情。即使他成为一名成功的演员，也始终不忘自己的根，关心农村的发展。2008年汶川地震后，一次机缘巧合下，赵亮了解到当地村民在发展养殖业方面存在困难，便决定投身于养鸡事业，帮助村民摆脱贫困。

赵亮在养鸡事业上倾注了大量的心血和精力。他不仅亲自挑选优质鸡苗，还与当地村民共同学习养殖技术。为了帮助村民解决资金问题，他联系了一些慈善组织，争取到了养殖设备和资金的支持。在他的带领下，村民们逐渐掌握了养殖技巧，鸡场规模逐渐扩大。

在养鸡过程中，赵亮遇到了许多困难，例如，如何防治鸡病、如何提高产蛋量等。但是，他并没有被困难吓倒，而是通过学习、请教专家和与村民交流，逐一解决了这些问题。他还积极推广新技术，提高了养殖效率，使村民获得更多收益。

赵亮的养鸡事业不仅帮助当地村民增加收入，还为当地的经济发展作出了贡献。随着养鸡场的知名度越来越高，许多游客慕名前来参观，带动了当地的

旅游业发展。此外，赵亮还通过捐赠收益的方式，支持当地的基础设施建设和教育事业，为乡村振兴贡献自己的力量。

赵亮的养鸡事业引起了广泛关注，许多媒体对他的事迹进行报道。他的行动得到了很多人的支持和认可，也给娱乐圈中的其他明星树立了榜样。在赵亮的帮助下，当地村民的生活得到了改善，农村也焕发出新的生机。

赵亮积极参加慈善活动，定期前往偏远地区慰问，为困难家庭送去物资和资金。他还关注环保问题，积极参加植树造林、垃圾分类等环保活动，倡导绿色生活方式。

经过几年的努力，赵亮的养鸡事业取得了显著成果。养鸡13年，他带动288户脱贫。他的养殖场已经成为当地的示范基地，吸引了众多养殖户前来学习和参观。出自他的养殖场的鸡蛋和鸡肉在市场上获得了良好的口碑，为消费者提供了健康、美味的食品。

赵亮养鸡助力乡村振兴的故事不仅是一个简单的帮扶案例，还是一个关于热爱、坚持和付出的故事。他用自己的行动诠释了什么是真正的慈善和责任担当。他的养鸡事业不仅改变了当地村民的命运，还为整个乡村带来了新的希望和活力。

总之，赵亮通过养鸡助力乡村振兴的行动展示了他的善良和才华横溢的一面。他投身养鸡事业不仅是为了自己的利益，更是为了帮助更多的人。他的行动激励着更多的人关注农村发展，为乡村振兴贡献自己的力量。我们相信，在更多像赵亮这样的爱心人士的帮助下，乡村一定会变得更加美好和繁荣。

第 10 章　乡村生态旅游：人与自然的双赢

乡村生态旅游是一种以休闲为主的短途旅游，城市居民通过这种方式来调节生活状态、减轻工作压力。乡村生态旅游的突出特点就是乡村的特色和风情，包括不同地区乡村的民俗文化、民居村落、田园美食、手工品等农村独有的旅游资源。

10.1　乡村生态旅游为什么如此火爆

随着大众旅游观念的转变，以及全国各地美丽乡村建设逐渐显现成效，乡村生态旅游以其独特的魅力，成为越来越多的人假日出游的首选。

10.1.1　消费观念升级，“生态型”生活受到欢迎

马斯洛需求层次理论把人类的需求划分为五个层次，分别为生理需求、安全需求、精神需求、尊重需求和自我实现需求，如图10-1所示。

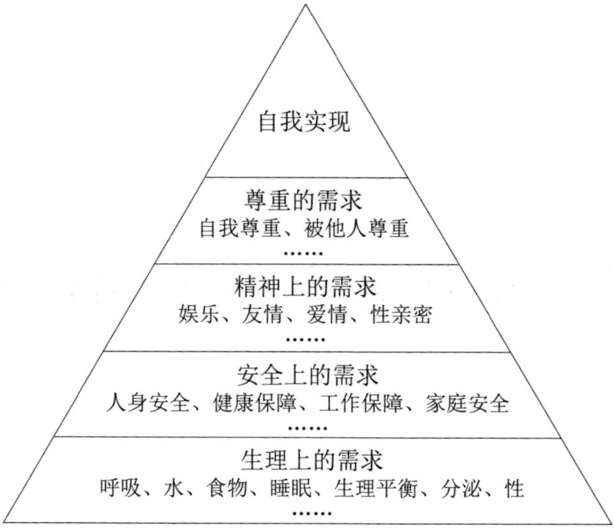

图10-1　马斯洛需求层次理论

而经济的飞速发展大幅度提高了人们的生活水平，人们的生理需求和安全需求得到满足，因此精神方面的需求便上涨，对旅游等娱乐项目的需求越来越大。

在这种情况下，游客的旅游经验越来越丰富，对于旅游体验的要求也逐渐提高。与之对应的是，各类项目和观光旅游点相继开发，不同观光旅游点的同质化程度提高，全国旅游市场发展迅猛，旅游市场的竞争更加激烈。

但乡村旅游业却能从中脱颖而出，这离不开两个原因：一是它的“生态型”生活的吸引力；二是人们消费观念的转变为旅游市场带来的变化。

首先看原因一，这种“生态型”生活主要得益于乡村旅游特有的沉浸感。

旅游资源分为两类：一类是自然风景，另一类是人文景观。市面上其他类型的旅游项目或多或少偏重于其中一种，而乡村旅游项目却能将这二者结合。

乡村旅游业独有的自然风光和风土人情是浑然一体的，它能使游客沉浸其中，从食、住、行等方面带给游客沉浸式的生态型生活体验。其独特性、趣味性能提升游客的旅游体验，为游客带来不同于以往的愉悦感、刺激感，悠闲的旅游环境也能为游客提供安全感、舒适感。游客享受旅游过程并愿意为各类体验活动埋单。

再来看原因二。消费观念的转变为旅游市场带来的改变体现在两个方面。

（1）游客结构改变。游客群体中老年人比例和青少年比例逐年提高；

（2）游客旅游需求逐渐多样化。

因此，旅游方式随之更新，诸如观光游、体验游、亲子游、主题游等不同形式的旅游方式层出不穷。而乡村旅游业主打的健康、绿色旅游项目能够吸引不同年龄段游客们并满足其多样化的需求。比如，老年游客追求的养生与健康，少年游客追求的新鲜与趣味等。

这两种原因共同促使人们越来越享受"生态型"生活，也使乡村旅游业越来越发达。故而乡村地区要充分运用自身独有的资源，结合游客和市场的变化不断提升旅游项目的优势。

10.1.2　乡村生态旅游市场越来越成熟

乡村旅游在乡村发展的过程中起着关键性的作用。《农业农村部办公厅关于印发〈2020年乡村产业工作要点〉的通知》（农办产〔2020〕1号）提出乡村旅游的3个发展方法，如表10–1所示。

表10–1　乡村旅游的3个发展方法

关键方法	具体开展措施
建设休闲农业重点县	按照区域、国内、世界3个等级资源优势要求，建设一批资源独特、环境优良、设施完备、业态丰富的休闲农业重点县，打造一批有知名度、有影响力的休闲农业"打卡地"

续表

关键方法	具体开展措施
培育休闲旅游精品	实施休闲农业和乡村旅游精品工程，建设一批设施完备、功能多样的休闲观光园区、乡村民宿、农耕体验、农事研学、康养基地等，打造特色突出、主题鲜明的休闲农业和乡村旅游精品；开展休闲农业发展情况调查和经营主体监测
推荐休闲旅游精品景点线路	运用网络直播、图文直播等新媒体手段多角度、多形式宣传一批有地域特色的休闲旅游精品线路；开展“春观花”“夏纳凉”“秋采摘”“冬农趣”活动，融入休闲农业产品发布、美食活动评选等元素，做到视觉美丽、体验美妙、内涵美好，为城乡居民提供休闲度假、旅游旅居的好去处

传统的乡村旅游注重乡村民情、礼仪风俗等的体验。游客的旅游体验仍集中在观赏、住宿这样单调的活动中。比如，观赏当地当季的农作物种植过程、体验耕作、观赏当地的自然风光、住民宿等。

而在这样的政策推动下，乡村旅游开始迅速发展。围绕乡村旅游涌现了大量的新概念与新理论，如游居、诗意栖居、第二居所等。这些新概念与新理论丰富了乡村旅游的形式与内涵，将乡村旅游从日渐同质化的市场中解脱出来。因此，乡村旅游市场日渐成熟，乡村旅游的形式也更迎合游客与行业的需求，乡村旅游会越来越红火。

10.1.3　浙江莫干山：从民宿到旅游产业的进化

莫干山位于浙江省湖州市德清县，以民宿作为基础产业，打造莫干山特色小镇。莫干山美丽宜居，是全国第一批特色小镇。

民宿“秋田布谷”位于莫干山镇劳岭村。随着近几年“网红”经济的迅速崛起，民宿负责人邱明明抓住了这一风向，将旗下6家民宿分别打造为不同的主题风格，吸引了许多小红书博主、抖音摄影团队前来拍摄。

毕业于设计专业的姚苏芳在工作多年后，还是选择回到自己的家乡，将父亲建在高峰村的老宅重新设计，改造成了主题民宿“弥宫”。尽管在开业的第一年就遇到了疫情，但她依然凭借推出的“民宿＋”文章、骑马体验以及承接婚礼派对，让生意红火起来。

事实上，莫干山的民宿业是在不断迭代升级中，才最终成为全国民宿业的标杆。从2007年至今，莫干山民宿业先后经历了3个发展阶段。

2007年，来自南非的高天成租下了位于莫干山三九坞的六栋老房子，并将它们改造成了精品民宿“裸心乡”，就此开启了莫干山民宿的1.0阶段。在接下来的四年间，莫干山又相继诞生了西坡、后坞生活、大乐之野等热门民宿品牌。在这一阶段的民宿大部分依托乡村风景，并提供单一的食宿。

2012年，莫干山民宿业进入追求高端化、精品化、主题化、特色化的2.0阶段。从最初的依托乡村风景提供单一食宿，到将主人文化和情怀故事加入其中，实现了从“洋家乐”到“精品民宿”的转型。

2018年，莫干山民宿业开始向产业集群发展，进入3.0阶段。通过挖掘莫干山及周边资源，发展“民宿＋”经济模式，让民宿与文创、体育、旅拍、露营等产业相结合，构建起全域旅游产业。陆续开设了莫野营地、6373房车公园以及全球首家Discovery探索极限主题公园等新型业态，还有咖啡馆、酒馆、文创店等多种休闲场所，提供了丰富的休闲娱乐度假产品以满足游客的不同需求。

10.2 乡村生态旅游的5种模式

乡村生态旅游在助力乡村振兴发展的过程中发挥着不可替代的作用，成为我国旅游业的一个重要组成部分，随着大众旅游消费变得更加多元化、个性化，出现了以下五种比较常见的发展模式。

10.2.1 文创观光

观光农业是农村特色服务业的项目之一。它是依据农业发展状况及特色进行的开发项目。乡村在开发观光农业项目时，应在满足观光农业功能的基础上，坚持以生态自然为本，使乡村地区的生态与经济协调发展。

乡村在开发观光农业项目时，应注意以下几点。

（1）观光农业项目必须能为乡村地区注入发展活力，带来实际利润。这也是开发观光农业项目的初衷和核心目的。

（2）观光农业项目必须能为乡村地区带来更多的就业机会。农民的生产活动属于第一产业，而观光旅游属于第三产业。原本农民生产活动和农业生产利润的附加价值相对较低，观光农业项目则让农民除了生产获利外，还有更轻松的创收渠道和更高的收入。

（3）观光农业项目必须能吸引各方给予支持，包括政策方面、经济方面、场地方面等。其涉及的领域包括旅游业、林业、农产品加工业等。

这三点也是观光农业项目开展的关键要素，当观光农业项目同时满足这些要求时，乡村地区就可以进行相关的开发活动了。

讲完了开发条件，下面结合一个案例来看一下策划观光农业项目的具体思路。

某乡村地区开发了一个观光农场。该观光农场坐落在景区中心，因其依山傍水的自然风光而闻名。该观光农场集餐饮、住宿、休闲、娱乐和观光旅游等功能为一体，由于策划思路清晰，其在建设完成后的一年内成功地带动了当地经济的发展。

1.依托人文景观和生态景观

乡村地区的人文景观和生态景观是其吸引力的来源之一，游客选择到乡村地区旅游正是因为对此感兴趣，这也是观光农业赖以发展的基础。

因此，乡村地区在发展观光农业时，首先要确认当地是否有吸引力足够的、与所规划的观光农业项目特色相匹配的人文景观和生态景观；其次应以人文景观和生态景观为基础，辅以建筑、农作物、高新农业生产基地与特色农村文化等元素；最后在建设方面，既要改造部分基础设施较差的环境，又要保护当地自然环境和自然风貌。

该观光农场在建设时，根据当地的农业生产条件设置了项目功能分区。以农园分区为例，该分区包含果树林、菜园等农业生产用地。这些地方原本只有生产功能，该观光农场在其附近建设了农舍与加工场所，将其变为后勤生产基地。此外，游客还能够观看农民收获农作物的场景，还可以选择亲自付费采摘。

2.注重住宿和体验环节

观光农业项目的受众多为近距离城镇地区的上班族、节假日游客、退休老年人群体等。许多游客将这种沉浸式的体验当作一种生活方式。因此，乡村在策划观光农业项目时，必须注重游客的住宿和体验环节。

住宿环节的重点是“静”，自然环境要恬静、住宿环境要幽静；体验环节的重点是“动”，休闲项目、体验项目要让游客有足够的参与感，充分与游客互动。这样能够满足游客在自然环境中放松身心的需求，延长其游玩时间、增加游客的消费。

在住宿环节，该观光农场的住宿区面朝山谷而建，风景优美、设施完善，让游客在优美舒适的环境中得到了休息；在体验环节，该观光农场设有采摘体验环节。农场内果园的果实不仅对游客和餐厅提供，还允许游客付费进入果园采摘并参与加工过程。此外，该农场还提供各类体育活动场所、户外运动活动场所以及按摩馆等。

3.深度挖掘并利用乡村文化

独特的乡村文化能够赋予观光农业项目灵魂和发展方向，使其保持长期的繁荣。因此乡村在开发观光农业项目时应深度挖掘当地特色文化，比如，名人故居、传统美食、戏曲文化、耕种文化等。这些都可以应用到观光农业项目策划中。

该观光农场的部分住宿建筑就仿建了当地的传统建筑，餐厅也提供当地特色美食。

4.突出特色和主题策划

特色是观光农业项目的核心竞争力，而主题是其核心吸引力。因此乡村在开发观光农业项目之前，要盘点当地可开发的资源数量并利用好当地的特色资源，具体可以从地域角度、季节角度、景观角度、生态角度、知识角度、文化角度、传统角度等角度去营造特色。

确认好项目特色后，乡村可以开始策划观光农业项目的主题。该观光农场盛产树莓，因此以树莓为主题，设计了树莓屋住宿、树莓采摘园、树莓特色餐饮品尝、树莓酱加工等环节。

清晰的策划思路能够帮助乡村地区提高建设观光农业项目的成功率，助其规避开展过程中的部分陷阱。乡村可以沿着依托人文景观和生态景观—注重住宿和体验环节—深度挖掘并利用乡村文化—突出特色和主题策划这个思路，结合决定观光农业项目能否开展的几点要素去建设观光农业项目。

10.2.2 小而美的“小院”模式

庭院经济，指的是以家庭住所式的庭院为基础，在其中开展的一系列养殖与种植相关的经济活动。当前，随着城市化进程不断加快，人们的生活节奏也越来越快，人们越来越向往返璞归真式的田园生活，这也给庭院经济的发展提供了良好的外部环境。

并且，庭院经济还有一系列好处，如改善人们的饮食结构、改善生态环境、带来经济效益等。在占用土地与投资较少的前提下，庭院经济如火如荼地发展。

首先，庭院经济能够改善人们的饮食结构。在小院中，养殖的家禽与种植的农产品都是天然无污染的，它们没有任何化学物质与药物残留。人们自己动手养殖与种植美食，不仅能够体验到“城市农夫”的乐趣，还能够在一饱口腹之欲的同时，大大加强对自身健康的保障。

其次，庭院经济还可以有效改善生态环境。在庭院经济中，人们常常使用有机肥料来保护作物，这将会减少对水资源与土壤的污染。发展庭院经济，还能够有效提升植被覆盖率，减少土地侵蚀与空气污染的情况，营造出令人舒适的绿化环境。

最后，庭院经济还能够带来经济效益。在小院中，可以种植草药、水果、花卉和蔬菜，还可以饲养水产、家畜和家禽。将这些农产品提供给附近的市场、社区或居民，能够带来可观的经济收益。庭院经济的出现，能够帮助人们创造出更多的就业机会，使家庭收入水平得到提高，实现在家门口赚钱的目标。

总的来说，庭院经济，大有可为。它面向城乡地区的居民，提供了一种能够使生态效益与经济效益同时实现的经济活动方式。无论身处乡村还是城市，在庭院经济中，都能够获得深刻的生态体验与实际的经济利益。

居住在成都温江区一幢别墅里的李富洪先生，一直钟情于庭院经济的理念，因此，他在家门口的小阳台和小花园里，种植了各种蔬菜、花卉和水果。

李富洪先生首先考虑的是蔬菜的种植，他在阳台上安装了一排水槽，分别种植了黄瓜、西红柿、辣椒和茄子等作物。阳台外也挂了一片菜篮子，鲜红的两个番茄在阳光下格外耀眼。而在花园中，他也顺便种植了一些花卉，如茉莉花、迎春花和欧洲黄杨等。为了增加庭院收益，他还种了一些水果树，如柠檬树、枇杷树、樱桃树和苹果树等。这些树大多是采用盆栽的形式栽种，使庭院的绿化更为丰富多彩。

李富洪先生的庭院经济虽然只是一些零散的聚集，但通过精心的规划和管理，每年能收获到300斤左右的有机蔬菜和各种水果，其中柠檬和樱桃的市价较高，可以出售。李富洪先生的庭院经济不仅能为家庭带来实惠，还能为人民群众带来健康和乐趣。

下面，以秘境小院和怡家开心农场为例，讲述如何打造庭院经济。

1.秘境小院

王加建先生几年前登山的时候，路过山野别院，就开着玩笑说，以后老了，几个老头就去山脚下租个院子，一起养老。王先生事后又想到，为什么非要等到自己老了呢？于是就开始用业余的时间寻找院子，一找就是一年多，跑了无数个山头，走了无数个村落，直到去年秋末冬初的时候，终于遇到了这个春天开满油菜花，秋天被金黄银杏包裹着的院子，虽然院子年久失修，但是他跟他的伙伴觉得很满意，于是说干就干，干脆利落地租了下来。

开始清理杂物，买材料、盖房、换瓦、搭建木屋……能自己做的自己亲手做，不会的尽量去学。最终打造出一个舒适又惬意的小院，如图10–2所示。

图10–2　秘境小院环境

王加建先生本意只是想找个能让自己短暂的远离喧嚣，给自己一个安宁的避风港，于是取名“秘境”。后来很多网上的朋友看到了他们的视频，不断地有朋友来到小院，说等改造好了，想过来租住，一些工作比较自由的朋友想在这里办公，很多志同道合的朋友很有诚意。

而王先生追求清净，不可能像大多数“网红”小院那样去经营秘境小院。所以，针对秘境小院，可以共享，但是不会容纳太多人，首先要保证自身能够舒适、清净地去享受慢时光。

2.怡家开心农场

后来，王先生与朋友又租了一块菜地，可以让加入大家庭的朋友们吃上自己亲手种的蔬菜。

就在改造院子的过程中，有一个农场主找到他们，表示了对他们的一些想法的青睐。于是，他们开始了与农场的合作，改造经营130亩的良田。经过大家的讨论、策划，大家一拍即合，共同打造出一个人人都可以体验农耕生活的综合性开心农场，种菜，养鸡，认领果树……能想到的这里都有，既是共享，又是专属。在农场中，每一分为耕耘、喂养付出的努力，都有收获，如图10–3、图10–4所示。

如果你也有一个田园梦或者想体验田园生活，秘境小院与怡家开心农场欢迎你的到来。你想清净，就来小院，若要自己动手丰衣足食，就来开心农场吧。

10.2.3　自然教育旅游模式

生态旅游，就是在不干扰自然地域的前提下，享受和欣赏自然文化景观的旅游行为。随着发展逐渐上升为一种人类对待大自然的态度和方式，强调人与自然的和谐共处，成为旅游业最好的可持续发展模式之一。

图10-3　开心农场中正在成长的番茄

图10-4　开心农场中养殖的家禽

所谓自然教育，就是指在大自然的背景下，通过科学的引导，使游客在自然中体验学习的方法。游客通过自然教育能够亲身探索大自然的魅力和奥秘，与大自然建立深度联结。自然教育对于家长和孩子来说都具有很强的吸引力，让孩子们在学习知识的同时也学会对生命的尊重和热爱。

自然教育旅游是组成生态文明建设的重要部分，森林、湿地等自然保护区里有着丰富的动植物资源，成为自然教育发展的环境基础。自然教育利用了生态旅游中的丰富资源，通过不同的教育方式，调动了游客的积极性和求知欲，加深了人们对生态的认识，使其有意识地对自己的生活方式、价值观念和消费观念做出改变，让游客们既享受了游玩的乐趣，获取了丰富的知识，又能意识到生态环境保护的重要性。

把自然教育和国家公园相结合，使游客把书本知识与实践联系起来，提高对自然的认知度，实现保护自然的目的。美国黄石国家公园根据不同类型景观合理安排项目，针对不同的游客群体设计提供了70多项研学教育体验课程。由于公园内异常丰富的自然资源以及丰富多样的专业研学课程，每年都吸引了来自世界各地的无数学生前来游学。

霍桑山谷农场根据自身所处的自然环境和拥有的物产资源，针对不同学龄段的儿童制定了研学课程。不同年龄的儿童对于知识的需求和体能的要求存在差异，例如一年级的小朋友，还处于刚刚步入校园的阶段，对周围的未知世界充满好奇，因此只需要在农场喂喂鸡、放放羊，做一些简单的农活，就可以让他们快速领略到劳动的价值。农场内并没有孩子们喜欢的娱乐设施，仅凭特色的教育课程来吸引他们。

国内目前也有几处较为成熟的自然体验教育基地，例如中科院的西双版纳热带植物园、云南的高黎贡山国家级自然保护区、重庆的缙云山国家级自然保护区，以及上海崇明东滩湿地公园等，每到节假日或寒暑假就会成为家长们为孩子选择的热门旅游胜地。

10.2.4 研学亲子劳动课

教育部印发的《义务教育课程方案和课程标准（2022年版）》，将劳动教育列入学校义务教育阶段的课程标准。这对于“乡村 + 亲子”项目来说，是个利好消息。随着劳动教育的普及，如何将劳动教育纳入项目亲子课程的活动范畴，开展研学亲子劳动课，是一项非常重要的运营工作。

劳动教育是国民教育体系的重要内容，是学生成长的必要途径，具有树德、增智、强体、育美的综合育人价值。社会应当充分利用各方面资源，为劳动教育提供必要保障。当前，各种休闲农场开始推出研学亲子活动，为青少年的劳动教育提供了场所。

采摘瓜果、挖野菜、除草、翻地、浇水……可能是很多人小时候都做过的农事，里面凝聚着非常深刻的回忆。但对于现在的孩子来说，这些农事已经很少有机会可以亲自体验了。因此，越来越多的父母选择了乡村亲子游，在节假日或者周末带孩子一起去近郊的村庄，体验田园的乐趣。

亲子劳动课就是让家长带着孩子一起参与农事活动，同时将农耕文化与农业知识传递给孩子们，充分展现农业生产劳动的热烈场面，让孩子们亲自体验农业生产劳动的美妙感觉，体会到劳动的艰辛，明白粮食的来之不易。

格林7号乐园是一家主营农事体验服务的乐园，为游客提供经典童话故事剧、互动泡泡秀、乐队表演、惊喜彩蛋等各类活动。在乐园内，游客可以学习农事科普知识，亲手体验农业种植，在玩耍的同时学习很多有用的技能，整个过程其乐无穷。

与其他乐园不同，格林7号乐园将自己定位为以农事体验为特色的益智乐园，把“让孩子边学边玩，在田野自然中快乐成长”作为自己的宗旨，开设农事体验及游乐课程，让全家人共享旅游观光、休闲娱乐的时光。例如，乐园内设有泥土课堂（如图10-5所示），让家长与孩子体验寓教于乐的场景式教育，使孩子在玩耍中了解自然、敬畏自然。

图10-5　格林7号乐园的泥土课堂

在乡村振兴战略的指导下，格林7号乐园立足于“农业强、农村美、农民富”的发展理念，为区域经济发展提供强大动力。其他地区也应该学习和借鉴格林7号乐园的乡村旅游模式，聚焦田园休闲娱乐，最大限度地赋能乡村振兴。

10.2.5　城市农夫深度体验

曾经在网络上风靡一时的“开心农场”让人们在互联网上体验了一把种菜的快乐，如今在现实世界，也出现了大量的城市农夫，他们拥有一块属于自己的菜地，在闲暇时间里体验着“悠然见南山”的田园生活。

对于上班族来说，种地是一种全新的体验，能够暂别城市喧嚣，享受乡野的静谧和田园生活的乐趣，全身心融入大自然中，是一种十分惬意的体验。

作者在距离市中心30分钟车程左右的郊县，租了一个农场，在农场的菜地上，会根据时令种上果蔬，如图10-6所示。每逢周末或闲暇时间就带着一家人到田间做一次农夫，除草、浇水、捉虫、采摘果实……让全家人体验劳动乐趣的同时还能吃上健康的蔬菜瓜果。

图10-6　作者的农场菜地

在这个农场中，有一群志同道合的人，他们回归土地，分享种植、热爱自然、分享生活。他们各自在农场里有一块自己的专属菜地、一片自己的小果园、一个自己的共养鸡舍。一年四季，他们都和这片土地一起，自由热烈地野蛮生长。顺应节气，不急不缓，一起种植、耕作、收获、分享。从一片荒芜的农场，到“农夫”们丰盈的菜地。一年四季都有不同的作物，循环更替，各自收获！

在这个农场里，不管是大人还是孩子，都能找到各自的乐趣。大人们在菜地里忙活耕作，孩子们就负责浇水施肥，土地让大家收获了更多的乐趣。农场、菜地、共享厨房、露营、围炉煮茶……这些都是提供给地主们的共享设施，这里没有服务员，没有太多的工作人员，每个“地主”都是农场的主人。

“农夫”来到这里，就像回到家里。如果是初来乍到的“农夫”，只要去田间地头吼一嗓子，问问“邻居”，他们就会介绍关于农场更多的故事。

前不久，四川省重点期刊《看四川》的记者来到农场里进行采访，亲身体验了“城市农夫”的乐趣，并对农场进行了深度报道，报道的篇目如图10-7、图10-8所示。在实地采访的过程中，记者与多个正在农场中体验劳作的“农夫”展开了交流，其中不少都是带着自己的孩子在闲暇之余来接触自然的父母。这样一个远离繁华都市的空间，让大人和孩子都能够解放自己的天性，感受到来自土地与自然的生命力。

图10-7　《看四川》中的刊登篇目

图10-8　作者查看农场种植情况的图像

如今的城市化发展速度加快，城市里的白领希望能在通过快节奏的工作改善物质条件的同时丰富自己的业余生活。虽然可供选择的方式有很多，但由于他们中的大部分都曾生活在乡村，因此回到乡村去体验劳动，不仅是一种休闲，也是对过去生活的回忆。

对于已经拥有家庭的人来说，他们带上自己的孩子一起参加农事，因为这对孩子来说会是一次很重要的人生经历。通过劳动让孩子了解农村的生活和劳动的意义，培养孩子吃苦耐劳的精神。

除了可以从农民手中租一块菜地，自家的阳台成为大多数人的“菜园”。

添置种植箱、购买种菜的专用土、网购植物专用灯……自己动手就可以把自家阳台开辟成一块种菜的“良田”，城市居民足不出户便可在家体验农耕的乐趣。

10.3　如何布局乡村生态旅游战略

乡村旅游规划的创新是多元化的，只有在理念、产品和项目等多方面进行创新，才能满足游客日益丰富的多样化需求。既要符合旅游业本身的发展，也要推动相关的种植业、养殖业共同发展，带动当地农民走上致富之路。

10.3.1　展示文化理念，弘扬“文化味”

乡村在构建乡村田园综合体时，为实现发展目标和吸引游客，需要建设相应的文化理念。这种文化理念是打造田园综合体的关键因素，是其灵魂所在。其中包含田园综合体的价值观、生活理念、健康观点、娱乐方式、特色项目以及发展规划等。

建设田园综合体文化理念面向乡村和全体游客。乡村可以借助宣传、教育、培训、交心、娱乐等手段来最大限度地培养村民和游客归属感与认同感，使村民为构建田园综合体共同目标努力，使游客向往并热爱田园综合体的生活，从而推动田园综合体的发展。

构建田园综合体文化理念有以下7个步骤。

1.清晰田园综合体发展目标及使命

要想清晰构建出田园综合体的文化理念，就要先明确该田园综合体发展的最终目标和其创造使命。最终目标和田园综合体的使命给予田园综合体前进方向，使乡村能开展关于田园综合体的发展构想。

乡村应在田园综合体的文化理念构建的前期，从田园综合体管理模式、田园综合体管理制度、田园综合体管理思想、田园综合体成功要素、田园综合体发展面临的风险等方面进行深入思考，形成田园综合体的文化理念的雏形。

2.构建简洁、实用的文化理念体系

田园综合体管理涉及多方面管理，故而田园综合体的文化理念也需要从多方面与之对应。但在构建文化理念体系时一定要系统、简洁、实用。要做到这几点，可以从以下几个方面着手。

（1）明确田园综合体的核心文化理念，将重点放在田园综合体的文化独特处和出彩点上。

（2）在明确田园综合体发展目标的基础上，确保田园综合体所构建的文化理念具有可实践性。其必须有助于驱动田园综合体朝目标前进并能引导田园综合体有效规避发展风险。

（3）核心文化理念能有效统领文化理念体系，对各个文化理念体系进行指导。

（4）构建文化理念体系的过程中必须集思广益，保障全体村民的参与度。

3.沟通、认知

文化理念体系构建完成后，乡村需要做的就是将其付诸实践。田园综合体要将文化理念体系传输给全体村民，保证村民的行为遵从田园综合体的文化理念体系，保证乡村上下思想统一。

在这个过程中带头人必须发挥沟通和示范的作用。带头人在行动、培训、沟通时要重点对田园综合体的文化理念进行阐释和强调，强化村民对文化理念体系的认知。

4.将文化理念植入田园综合体架构

田园综合体架构和田园综合体文化理念相辅相成，关联密切。田园综合体文化理念影响田园综合体的构成，匹配的田园综合体架构有利于实践田园综合体文化理念，田园综合体的各个组成部分的职责和水准应与田园综合体文化理念相符。

5.双向传输文化理念

文化理念的传播，要从内部和外部两个方面入手。深刻内化是文化理念传播的基础，没有经过深刻内化，村民的文化理念和行为方式不统一，田园综合体没有凝聚力，则文化理念向外传达的效果只会浮于表面。

打牢内化的基础后，再向外部传播田园综合体文化理念，可有效提升村民对田园综合体文化理念的荣誉感和自豪感，丰富田园综合体文化理念的内涵，增强田园综合体吸引力。

6.评估、反思

进行了上述步骤后，乡村可对文化理念实践的过程和效果进行科学评估并以此作为改进的基础。评估过程中要重点调查村民与游客对文化理念的认同度、田园综合体当前氛围、文化理念是否对田园综合体每个组成部分起到有效指导等方面。

7.反馈、螺旋式提升

评估完成后，乡村要依据评估结果进行反馈。对现存状况充分分析、归类并给予相应反馈。最后根据具体问题提出切实可行的解决方案。

乡村一定要充分地使文化理念渗入田园综合体发展的过程中，使文化理念及田园综合体的发展与村集体的收入、发展等有效对接，同时对其定期评估、改进，使田园综合体得到快速发展。

10.3.2　积极发展特色产业，让农民受惠

A镇和B镇都在着手发展乡村旅游。两个镇地理位置相近，规模类似，文化传统也相差无几。但A镇在做发展规划时，将许多地区的发展案例生搬硬套进来，例如，C村的特色产业是玫瑰花产业，其在此基础上建立了玫瑰花观赏基地并请名人代言。A镇的玫瑰花产量也多，便仿照C村建立了观赏基地，但即便其花费重金请名人代言，也始终吸引不来游客。

B镇与A镇情况相同，但是B镇认真研究了C村的案例，发现C村的玫瑰

花产业之所以火爆，是因为其强调了玫瑰的中药价值，坚持“花可为药”的理念。游客进入园中不仅是为了观赏，还可以通过食用、花瓣浴等途径进行养生。

B镇建成观赏基地后，请专业的编剧打造玫瑰花制药的故事，又请名人做背书，利用线上和线下渠道广泛宣传。果不其然，基地一开园连续两个月游客爆满。

同样的条件，不同的结果，这就是文化理念的作用。文化理念是乡村旅游业发展的蓝图，它能够为乡村旅游业提供发展方向。因此乡村旅游的发展必须以文化理念为圆心，发展与文化理念相一致的特色产业。下面来看具体做法。

首先，乡村要增强旅游项目的文化内涵。

当下，各地区的乡村旅游项目普遍质量不高且同质化严重。这种情况严重影响了游客对乡村旅游产品的热情与好奇度，有碍于乡村旅游业的发展。因此，乡村在开发旅游项目时要做到以下两点。

（1）进行系统性规划，根据当地的区位优势以及资源优势整合旅游资源，在此基础上科学地策划旅游开发项目。

（2）从民风民俗、特色文化方面入手，加强旅游产品的文化内涵建设，提升其质量与档次。

其次，乡村要保持旅游项目的本色并突出其特色。

开发乡村旅游项目时必须牢记开发宗旨，始终本着保持乡村特色，突出田园特色的开发宗旨，避免乡村旅游项目与其他地区的旅游项目雷同。

再次，乡村要做到4个结合。

一是结合其他旅游开发项目；二是结合乡村振兴事业；三是结合周边城镇建设事业，互相促进、共同发展；四是结合生态保护事业。

最后，乡村要加强农民参与度，对农民进行培训引导。

农民是乡村文化的主体，他们的综合素质在一定程度上代表着乡村的人文环境，决定着乡村旅游的氛围。而人文方面的体验也属于乡村旅游项目的一种。故而乡村在开发旅游项目时，必须以综合眼光看待农业、农民与乡村发展，注重培训与引导农民。

而这种培训与引导工作能够提高农民群体的素质，农民群体参与旅游项目建设的积极性会更高。如此，乡村旅游业才能发挥其作用，真正地令农民群体受益。

10.3.3　连平如何变身“广东的香格里拉”

连平县位于广东省河源市，是粤东北地区的重要生态屏障，也是万绿湖新丰江水库水源的涵养地。连平县的森林覆盖率高达76.5%，生态优良、资源丰富，拥有一流的森林、空气和水质。境内还有圣迹苍岩、桃花山等众多原生态景点，是“全国生态示范区”，被称为“广东的香格里拉”。

不仅如此，广东省将连平县建设成现代特色农业的重要基地，经过多年的发展，成功打造出了一批知名的生态农业品牌。无公害蔬菜、优质大米、高山茶等本地生产的绿色食品畅销海内外，为其发展生态农业、生态旅游开拓了广阔的前景。

随着乡村振兴的全面推进，连平县以“产业发展”为动力，以“基层治理”为亮点，紧紧扣住“乡村振兴+全域旅游”这一主题，开创了发展可持续农旅融合的新模式。通过一条32千米的乡村碧道将周边的基础设施全部串联起来，不断提升美丽宜居环境指数，根据五大亮点进行改造，以达到乡村振兴五大升级效果。如图10–9所示。

连平县改造的5大亮点如下所示。

（1）围绕灯舞连平这一IP，构建起文创产品、文创空间、文化景观等八大支撑体系。

（2）按照“点上出新、线上出彩、面上成景”的思路对乡村风貌进行提升，全方位打造美丽乡村。

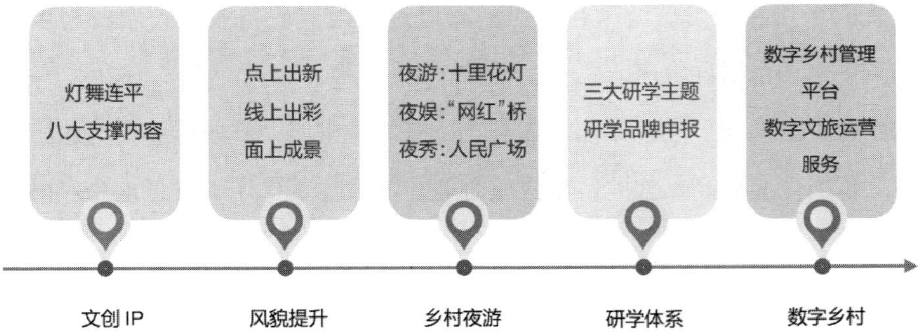

图10-9 "文激活、颜提质、夜点亮、研撬动、巧运营"

（3）以连平家灯为主题打造十里花灯长廊，发展乡村夜游。

（4）为周边的研学客群提供主题研学，以非遗文化、自然教育、红色研学这三大类为主，打造乡村研学体系。

（5）提供数字文旅运营服务，打造全过程体验的数字乡村。

发展乡村旅游是实现乡村振兴的重要突破口。尊重乡村旅游的产业属性和市场规律，将传统与创新相结合，促进"文化 + 旅游 + 产业"的创新融合发展，打造符合当地发展的服务模式，助力乡村旅游转型升级，以文旅赋能乡村生活，绘就乡村振兴的壮美画卷。

第 11 章　共享型农业：撬动农业经济新杠杆

共享是一种利用私有的闲置财产、资源或信息，与用户分享合作以达到互惠互利效果的经济模式，这种经济模式可以提升资源的使用率。

当共享模式进入农业领域，既能淘汰掉繁杂的中间环节，又能促进农业农村发展，对农民起到帮助作用，贯穿了农业产业链的全过程。共享型农业将成为撬动农业经济的新杠杆，推动农业农村快速发展的新动能。

11.1　共享时代，农业有了新定义

共享型农业是在共享时代下新兴的一种农业发展模式，通过现代信息技术将农业资源进行整合，分享资源的使用权。用户预付了生产的费用，生产者向用户提供闲置或优质的农业资源，是一种用户和生产者共同承担风险和收益的生产方式。

11.1.1　发展共享型农业大有可为

从目前共享经济的市场反响来看，其应用和发展无疑是成功的。农业作为我国的基础产业之一也必然要踏入“共享圈”。

俗话说，“有需求，才有发展”。随着大众生活水平的提升，人们对农产

品的需求不断增加，高品质、个性化逐渐成为人们追求的热点。同时要为现代农业发展的新态势提供新的农业资源，也要保证信息及时准确，以避免农产品的供需脱节。这些需求成为共享型农业发展的先决条件，使共享型农业开始进入人们的视线。

共享型农业将会随着供给侧结构性改革以及“互联网＋”战略的实施慢慢渗透到更多其他领域，与不同的经济形态集成创新。例如，通过互联网平台提高农村现有生产资料利用率，推动一、二、三产业融合发展。通过分享公共基础设施，推动形成现代农业产业集群，可以包括现代农业产业园、科技园等，为返乡人才提供创业就业平台。通过共享型农业资源建设多功能农业，让农民充分参与和受益。此外，还可以将乡村旅游、养老服务等行业与共享型农业进行深度融合，给农业发展方式带来更多创新。

除此之外，共享型农业还可以做到以较少的物质资源满足较多的服务需求，符合如今可持续发展、绿色发展的要求。发展共享型农业能为实现农业供给侧结构性改革提供重要的实现路径。

共享型农业能够围绕市场需求变化对农业产业体系进行优化，提高了土地生产率和资源利用率，同时带动新经济的发展，消耗较少的资源满足较多人群的生活需求，促进农业绿色发展。

共享型农业既满足了消费者的需求，又为农民提供了新的致富手段，还与国家提出的“绿色农业”理念一致。在吸取了共享单车、共享农庄等模式的经验后，相信共享型农业也会朝着更加绿色、健康的方向发展，成为农业领域的新星。

11.1.2 共享型农业是如何盈利的

共享型农业的盈利模式有很多种，总的来说，就是需要消费者购买农民手中的闲置资源，以及闲置资源再利用后产生的后续附加资源和延伸价值，以此增加农民的经济收入，也避免了资源浪费。

1.卖产品

通过吸引用户体验采摘过程，发现采摘的乐趣，从而将采摘的产品卖出，比如体验采摘水果、蔬菜或者收割稻子等，这种售卖方式能够在满足用户情绪价值的同时完成物质交易，比普通的渠道销售更有价值。

2.租赁

对外租赁土地、农机是能保证共享型农业模式能够盈利的最可靠方式。农村的许多资源在农忙时节过去以后就进入了闲置的状态，提供租赁服务不仅可以保障收益，还可以实现闲置资源的价值。

3.资本运作

类似于共享单车模式，聚焦钱和资源，使平台变成一个资金池，再通过资本运作保证现金流。比如，养殖场养了5000头猪，每头猪以1000元的价格被领养，通过领养的方式就能获取500万元的现金。凭借着500万元，养殖场可以投资其他项目以实现财富增长。

4.延伸价值

共享型农业可以与学校合作，推出相关的科普教育，国外的一些共享农场会在每周一到周五开设自然教育课，每逢春季开学，就会迎接新生来农场参观。有针对幼儿园和小学生的动物体验课程、针对初高中生的动植物研究和解剖以及针对高中生的生态保护和农场知识。

还有一些共享农场甚至开办了自己的农业专科学校，学校开设了3个专业：务农技术、蜜蜂养殖和农业经营。学校采用一年半的学制，每年的学费约合人民币3.3万元，已有800多名学生从这所学校顺利毕业。

5.共享型农业＋互联网

“互联网＋”农业已经成为新的趋势，想要实现共享经济与农业的完美融合，必然要借助互联网平台。我国有近7亿的农村人口，是比较庞大的用户群体，通过依靠互联网平台实现共享经济模式，充分利用农村资源，对外租赁务农器具，安排农村闲置人口重新找到就业方向，找到闲置土地的用处，所有资源都能够得到利用，实现共赢。

11.1.3　众筹基因：认养你的农业项目

可以24小时监控自己的“一亩三分地”，这并不是出现在虚拟网络的共享农场，而是现实的“认养农业”。认养一块属于自己的土地，对于认养人来说是一种健康生活的新方式，对于传统种植业来说，这种新方式为农业的发展带来新的思路，体现了农业增值服务的具体内容和作用。

认养农业是一种新型的农业模式，消费者自行选择农产品进行耕种，身临其境感受农耕生活或者委托农户帮助种植，自己可以通过远程监控实时观察所认养的农田生长状况。不仅仅是农作物，还可以是果蔬、禽畜。认养农业集休闲旅游和种植体验于一体，可以看作传统订单农业经过众筹升级后的新型农业模式。

随着社会经济的发展，人们开始追求更加健康的饮食，认养农业能够很好地解决全民关注的食品安全问题，保障食品绿色健康，让用户可以放心享用，同时还帮助村民提高了收入。

认养农业模式兴起的一个重要原因就是城市居民对于回归田园生活的需求。处于激烈的社会竞争和快速的生活节奏中，人们越来越渴望回归自然，体验悠然的田园生活。通过“认养农业”，可以满足用户感受田园生活的需求，放松身心，释放压力。

随着人们生活水平的提高，人们对于休闲旅游的需求也不断增加，越来越多的人开始追求生态旅游。通过认养农业使人们更加了解农村的文化生活，体验农村的自然风光，在享受假日悠闲的同时加深了对于生态环境保护的认识。

认养农业可以拉近人们与农业生产的距离，十分具有前景和潜力。通过认养农业，向消费者输出安全健康的食品，让消费者深入了解食物的生产过程，甚至亲身参与到生产当中。同时，认养农业还有效地推动了农业的可持续发展，帮助农户提高生产效率，增加务农收入，维持了农村社会的稳定发展。这种模式对于保护农村环境，缩小城乡差距，促进社会和谐也起到了重要作用。

11.2　可操作的6种共享型农业

实际上，共享型农业的概念十几年前就已经存在了。发展至今，共享农场、共享菜地、共享农业设备、共享劳动力、共享农业技术、共享物流等多种共享型农业模式开始被越来越多人熟知，共享型农业已经成为撬动农业经济发展的新杠杆。

11.2.1　共享农场

共享农场就是在不改变所有权的情况下，将现有的闲置住房改造升级，根据需求改造成农场，可以是田园生活、度假养生等多种模式。农户可以出租农场或是转让经营权给城里人，用于进行农业生产或农事体验。

以国外的一家共享农场为例。这家农场的主人走访了全国各地的农业荒地，选择合适的农地收集起来重新翻耕整备，使之具备耕种的条件，再把这些农地租给消费者。这些共享农场大部分都位于市区内，交通不超过半小时，方便了消费者出行。

这些农场按照15平方米左右划分成一个标准租赁单元，每单元每月的租赁价格约合人民币400元，如果第二年续租还可以享受较大的优惠。共享农场针对不同人群举办相应的活动，上班族可以在这里减压、聚会，父母可以带孩子来认识了解大自然，老年人群也可以把这里当作退休后的生活场所。

11.2.2　共享菜地

在国内，土地流转已经不再是敏感话题，目前国内应用较为广泛的网站为土流网，自2009年创建经过了多年的经营，累计的用户数量相当可观，节约了农村的闲置土地资源，提高了土地利用效率。

还有一些社区支持农业的共享平台，城市周边的农场主可以把自己闲置的土地放到网络上租赁，城市居民如果有一个农田梦就可以通过平台租赁这些土地，然后自己或委托农户去耕种，就可以每天都吃到自家种的有机蔬菜。

11.2.3　共享农业设备

农业设备一般都是应用于产业链的大型机器，例如播种机、收割机等，都是在农忙时才会派上用场，平时只能闲置。农业生产中，农业机械是必需品，但需要投入大量资金，使用时间又只集中在农忙时。如何处理闲置设备是农民必须要考虑的问题。

比如，有一些公司专门负责帮助建筑公司和承建商，将他们闲置的推土机、挖掘机等重型机械设备出租，既能帮助建筑公司和承建商获得额外收入，也能帮助那些不常使用这些设备的小公司节省了一笔不小的开支。

在我国，各地都设有农机合作社，帮助所在地实现耕、种、收、加工的全程机械化，既提高了生产效率，又降低了生产成本。但是受限于不同地域和习惯，农机合作社难以实现共享经济，无法最大限度地提高农机使用率，适用范围也没能扩大，只能寄希望于“互联网 +”农业的模式能尽快发展到农机领域。

11.2.4　共享劳动力

共享经济能够实现人力的共享，有效解决农村人力资源短缺的问题。在我国的很多农村乡镇里，人们根据农忙农闲的季节规律，忙时回乡务农，闲时进城务工已经成为一种常态，有效地利用人力资源解决了劳动力短缺的问题。

将农民的职业培训落到实处，为其量身定制共享平台，帮助农民工返乡助农，开启劳动力共享的模式。对于一些发展规模较小，收益较低的农场来说，这种模式一定程度上解决了人力成本过大的问题。

11.2.5　共享农业技术

目前，我国的农业技术依然存在分布不均的情况，一些区域仍然采取传统的农耕方式，农技服务短缺，对于农业的发展十分不利，针对农技的教育培训任重道远。

农机共享体现在两个方面。一是线下的农业技术服务基地，一些家庭农场或者种植大户通过使用物联网技术将农业规模化，这些农场可以提供农技服务，成为教育培训部门的“示范基地”。二是通过抖音、快手等视频平台分享农业技术，利用新媒体传播速度快、范围广的优势，让更多农户学习到先进的农作方式。

11.2.6　共享物流

共享物流是一种通过共享物流资源，优化资源配置，提高物流系统效率，降低物流成本的新模式。将共享物流融入农业领域，或许可以解决困扰乡村的“最后一公里”问题。

例如“乡村货的”，乡村的拉货司机往返于乡村和物流中心，需要和供货的店主彼此找到对方，可以减少空车运行，提高运输效率，节约运输成本。

11.3　与众不同的共享型农业案例

在共享经济盛行的时代，共享型农业的发展同样迅猛，我国各地接连涌现了不同类型的共享型农业，为共享型农业的发展树立了优秀的榜样，促进了我国共享经济的发展。

11.3.1　蜀阅・蝴蝶谷元宇宙体验休闲农场：打造现实版的认养型农业

随着生活水平的提高，越来越多的人开始追求自己种植果蔬来食用，人们认为自己亲手种出来的更加安全卫生。认养人可以选择一块土地，种植自己想要的作物，直接或间接地参与生产的每一个环节，并在果实成熟时，带着家人一起分享田园农家丰收的快乐。

当前，认养农业早已成为一种时尚，不少农户搭上了依靠认养农产品致富的这班车。蜀阅・蝴蝶谷元宇宙体验休闲农场，就是一家集认养农业、农事体验、旅游观光于一体的休闲农场。

蝴蝶谷的名字来源于农场中一只名叫“兰兰”的毛毛虫，它有着成为美丽蝴蝶的梦想。经过不懈努力，克服重重困难，“兰兰”最终实现了自己的梦想。农场以此命名，寄托了创始人对来到这里体验田园生活的孩子们，能够学习这种不怕困难、勇于蜕变的精神的希望。这也使蝴蝶谷受到许多来自周边的家庭的欢迎，越来越多的客户带着孩子来到农场，认养产品的同时，也体验劳动的快乐。

在蝴蝶谷农场中，许多特色农产品被展示在认养架上，一些过去不被人熟知的土特产也在人们的深入认养中被发现，通过认养人口口相传，受到了越来越多的关注。在农场的私家菜园中，客户可以任意认养心仪的产品，成为专属“地主”，如图11-1所示。

图11-1　蜀阅 · 蝴蝶谷的认养菜园

如何进行认养呢？以认养葡萄藤为例，认养人可以在葡萄园里进行挑选，给自己认为最有潜力的那一株挂上认养牌。平时的浇水施肥可以交给果园工人来负责，等葡萄成熟了，这株葡萄藤上的所有葡萄都归认养人所有。

在粮草专业合作社花一笔钱认养1亩土地，下载App后就可以通过基地的高清摄像头24小时观察自己的水稻长势。合作社还提供会员服务，开通会员后将获得5个不同角度的监控窗口，实时查看农作物的状态，实现了全程操作透明化。

当地的农户需要严格按照签订的合同，进行标准的种植管理，并在收获后将农产品配送到认养人的家中。为了达到认养需求，农户必须摆脱过去粗放低效的管理模式，选择迈向现代农业。

除了售卖农产品，认养农业还可以与旅游、文化等产业相结合，针对城市居民，通过体验和互动的方式，使旅游与特色农产品融为一体，帮助城市人群体验农园、了解农业发展，同时还能解决农村果蔬滞销的问题，增加农村人口收入，促进农业发展。蜀阅・蝴蝶谷元宇宙体验休闲农场，就打造出了充满特色的元宇宙文创观光农场，如图11–2所示。

而在过去，农产品从田间到摆上餐桌供人食用，需要从合作社到批发市场，再到城市里的菜市场或大型超市，经过层层环节才能最后摆到餐桌上。通过认养农业，城市里的消费者可以直接与农户签订合同，农产品成熟后可以直接被送到消费者家中，省略了中间复杂的环节，降低了农产品的滞销风险，使农户的利润有了显著提升。给农村增加了客源和收入的同时，还解决了由于一家一户分散经营而导致的增收困难的核心问题。

随着人们消费需求的升级，食品安全成为人们关注的重点，许多人选择认养农业。在这种情况下，农户必须优化生产方式，提升产品的安全标准，由追求数量转变为数量质量并重，质量有了保障，价格才能更优。

如今，发展共享型农业需要满足的条件已经成熟。在技术上，智能手机、

图11-2　蜀阅 · 蝴蝶谷元宇宙体验休闲农场示意图

移动支付、现代物流等技术日益成熟；在文化基础上，越来越多的人主动从城市走向农村；在资金上，层出不穷的共享方式表明，共享经济依然是资本眼中的热点。

11.3.2　橘米公社：探索“共享型农业公园”

位于南桥镇严华村的橘米公社成立于2020年，百姓全程参与公社建设，由村民代表表决项目是否通过，全体村民共同讨论、劳动、收获，是一座高度“村民自治”的共享型农业公园。“集体”是这个公社最显著的特色，自成立起就由严华村集体持有、集体劳动、集体收益。

以往每年的中秋、国庆，都是村民们收割早稻的时节，但现在他们的关注重点变成了漫山遍野的橘树和柿子树。这些当季水果是由全体村民共同帮忙除草、施肥养护的，最早的一批到10月底就可以采摘品尝了。

橘米公社每年都会给村民带来这样的福利。鱼、米、果、蔬处于不同的收获季节，村民们集中采摘，一月打鱼、五月摘枇杷、六月掰玉米、十一月割水稻……收获的农产品要定量分给村中的老人。公社根据村民一年的劳动量，将农产品销售的成果分配给村民们作为经济补贴。

橘米公社内有十几名本村村民作为固定成员参与日常的劳动，他们大部分都住在镇子上的小区里，每天骑着电瓶车回到村里上班，领着一天一结的日薪。等到了农忙时节，村委会会组织村民一起劳作，将每个人的劳动量登记在册。

比如在中秋节，就由全体村民齐心协力，成功收割了200亩的早稻，经过烘干、碾磨、抛光等处理工序，一周左右就成为晶莹剔透的新米。然后市民们就能在每年的中国农民丰收节上品尝到这些新米。公社还会将收割的稻米分给村里的老人，平均每位老人都能分到80斤大米，基本保障了半年的口粮。

严华村位于乡村，却又离城市很近，这个特殊的地理位置使村民们既能靠近摩登的都市生活，又能保持“悠然见南山”般的田园生活。村民们自给自足，回归乡野感受劳动的乐趣和丰收的喜悦，还保障了每家每户老人的生活质量。

除了是村民们的果园，橘米公社还为村民提供了日常休闲娱乐的场所。公社里不仅有稻田、鱼塘和果园，还精心打造了许多休息亭、儿童乐园等公共空间，让村民们能在劳作之余喝喝茶、聊聊天，休息一会儿。每到周末或是节假日，也会有村民带着自己的孩子到这里游玩。

除此之外，严华村还在公社里饲养了山羊和梅花鹿，增添了公社的生活气息。为了迎接从光明村“远道而来”的梅花鹿，村民们还准备了喜糖和五彩元宵，为梅花鹿开辟了新的院子。正是这些生活里的趣事，增强了严华村的凝聚力和归属感，不断提升了村民的获得感和幸福感。

类似于橘米公社的乡村振兴模式有很多，在未来会有更出色的乡村振兴成果出现，加快城乡融合的步伐，拓宽乡村创业的天地。基层群众自治共享的成果都体现在村民的收获和喜悦里，保障了村民幸福的晚年生活，也为乡村振兴的发展注入新鲜活力。

11.3.3 蜀阅·耕读园：会员定制家庭农场

位于成都市双流区小镇的蜀阅·耕读园，是一个以推广农耕文化，让人们重视自然与个人素养的提升为主要目标的会员定制型家庭农场。建立伊始，CEO注意到当地居民的生产活动主要以农业为主，且文化水平相对不高，因此，CEO决定举行晴耕雨读活动，以推动农耕文化和读书氛围的发展。

该活动采取每周一天耕地，一天读书的形式。在耕地的时候，居民们聚在一起，共同耕耘，一边交流农业技能和经验，一边畅谈读书感想。在读书的时候，居民们会就某一主题选好一些书，然后在耕读园里面一起读书、交流，分享读书心得。

一经实施，该耕读园就取得了远超预期的效果，居民们纷纷踊跃参加，通过共同耕耘或共读书籍，居民们之间的感情得到了加深，同时，对生活和自然的认识也更深刻了。此外，当地居民的文化素质也得到提升。通过共同读书，居民们能够接触到更多的知识，从而拓宽自己的视野。

同时，该活动还促进了文化传承，使居民们更加珍视传统文化，能够认识到弘扬中华民族优秀传统文化的重要性。

从反馈效果来看，晴耕雨读活动是一种优秀的文化发展形式，能够在提高居民文化素质、传承优秀传统文化等方面发挥积极的作用。

活动的成功使CEO注意到耕读园发展的前景，开始推动耕读园向会员定制家庭农场发展。蜀阅・耕读园采用定制共享的运营模式，将各地区优秀的生态农业和仿生物学技术引进来，帮助整合闲置良田。

耕读园还推出闲置农田托管计划，接受全国范围内优质闲置农田的托管申请，包括地方政府、合作社以及乡村旅游度假项目等。耕读园会将这些土地进行环境审核，经过审核后再统一建设成为集中管理的农场，全方位实现共享农场的运营。

耕读园采用“互联网＋”农业的模式，引入人工智能，实行数据化全程管控，减少了外界条件对农业生产的影响。通过搭建农业物联网，耕读园为农业信息化以及实时采集大数据建立了渠道，实现了智能化和科技化的远程控制管理，通过分析采集到的种植数据，找到更加健康的耕种方法，向用户提供实时监控，保证农田的耕种过程透明可溯。

耕读园将胚芽米作为品牌的卖点之一，用一颗胚芽米将城市和乡村连接起来。乡村的闲置土地、农民和城市的家庭通过共享的方式相互连接，最大化地利用了乡村的闲置资源，使荒田也能重新焕发生机，既为农民增加了创收，又让城市家庭得到了更加生态、环保、无污染的蔬果粮食，过上了绿色安全的健康饮食生活。

耕读园的特色之一就是家庭会员定制服务。以家庭为单位邀请他们成为共享会员，逐渐形成社群，大家共享一个小院，几亩田地，聚在一起分享生活，交流爱好，结识知音，共同营造了一个健康积极的生活氛围。许多前来体验的客户之间，都产生了深厚的友谊，让大家能够短暂地远离繁忙且快节奏的城市生活，重归淳朴、美好的田园生活，共同享受轻松、无负担的田园时光。

在耕读园中，人们还能够享受自己动手搭建茅草屋的乐趣，如图11-3所示。

图11-3　蜀阅·耕读园内搭建的茅草屋

耕读园推行共享经济 + 定制模式，使共享经济与农业相结合，建设自营农场，让定制农业规模化，增加参与感。这种模式也可以搭建起和会员之间的稳固关系，让不同的城市家庭共同分享一个农场，既有利于发展和壮大家庭农场，也满足了城市家庭对于田园生活方式的渴求。

农村的闲置农田和城市家庭对田园生活和健康食品的需求形成了一种供需

关系，而定制农业、共享型农业为对接这种供需关系提供了一把钥匙。定制模式既能够激活农村的闲置农田，又能够针对目标群体的生活“痛点”制定相应的农产品，以满足消费者的私人定制心理。

定制模式的共享，首先要建立在定制的基础上。用户注册成为公司的会员，就能获得专属于自己的农场使用权、稻田收获权和管家服务，以及每月20斤的新鲜胚芽米。会员注册成功后还能享有旗下所有农场的不限次数全家免费体验游，游玩过程中吃住和参加的活动都可以免费。会员制根据不同区域和会员的个体差异，能够满足更加精细化的需求，让会员在体验田园生活的同时还能获得量身定制的农产品，增加了消费者的黏性。

11.3.4　秘境小筑：合作 + 众筹 + 共享经济模式

秘境小筑采用合作 + 众筹 + 共享经济的独特经营模式，将上千亩荒山变成了如今的美丽庄园。

1.合作，资源共享互利

在最初的建设时期，创始人考虑到共享庄园的建设需要投入大量资金，还需要对庄园进行日常的养护，并投入大量的人力物力维持运营，而且很难保证有稳定的客源能收回成本。

于是，创始人决定和旅行社合作，与多家旅行社签订合约，让每家旅行社以30万元的价格购买项目10年的免费使用权。这对于旅行社来说算得上是一笔稳赚不赔的好生意，对于创始人来说，通过这样的合作一举解决了项目的投资与客源问题，还能凭借旅行社带来的人群增加园区内其他项目的收益。

2.众筹，多方共赢

园区内部的住宿、餐厅和游乐设施大多是由创始人自己出资建设的，需要投入大量成本，又没有后期客源的保障，因此创始人又提出众筹的模式。

在木屋住宿和土地认养方面，创始人在建设庄园时就将土地以1亩为一个单位，每个单元以1万元的价格租赁出去，租赁限期30年，并且允许租赁者在这1亩地上搭建木屋，木屋面积要在50平方米以内。这样一次性就能收回30万元。

如果租赁者能够一次性缴清30万元，那么每年会返给租赁者1万元，并且在木屋建好后允许租赁者每年有两个月的居住时间，其余时间交由公司负责经营，利润分成。

在共享餐厅方面，创始人通过发起众筹来建设餐厅，将餐厅的众筹份额分给优秀的餐厅员工作为福利。除此之外，还在供应商、消费客户和亲戚朋友之间发布众筹，通过这种方式既调动了员工的积极性，又获得了稳定的客源。

在游乐设施方面，庄园里的摩天轮观光项目大概需要50万元的资金投入，创始人选择请外来的投资者出资并独立运营，划定5年为期限，5年内双方按照比例分配全部收益，5年后投资方需要归还庄园项目的所有权，如果愿意继续经营，可以拟定新的分配比例，重新达成合作。

3.共享＋平台化运作

秘境小筑推出了“认购一棵树”活动，向游客出售绿卡，每张1万元，限量5000张。游客持有绿卡就可以在庄园内拥有一棵属于自己的树木，同时还能享有庄园的终生免费门票和价值超过1万元的庄园农产品，认购的树木甚至还可以继承给认购人的子孙后代。通过这种方式为庄园解决了绿化问题，并且吸引留住了一批高消费群体，一并解决了投资和经营问题。

庄园的有机大米以每10年23800元的价格出售给客户，还提供配送服务。购买大米的客户也会享受到庄园门票的减免待遇。对于客户而言，这样的价格其实非常划算，对于庄园来说，虽然表面上几乎是零利润，但庄园会因此得到一批黏性较高的客户，这些客户还会成为庄园以及庄园农产品的最佳推广者。